RÖMERTOPF®

Lust auf Genuss

Rezepte für die natürliche Küche

von Eva Exner

RÖMERTOPF Keramik GmbH
D-56235 Ransbach-Baumbach

RÖMERTOPF®
Lust auf Genuss

Rezepte für die natürliche Küche
von Eva Exner

9. Auflage 290 000 – 340 000

Fotos: Archiv **RÖMERTOPF** Keramik GmbH
Herstellung: Druckerei Hachenburg GmbH, Hachenburg
Printed in Germany

Bestell-Nr. 30151
ISBN 3-00-010823-8

KAPITELÜBERSICHT

KAPITELÜBERSICHT

KAPITELÜBERSICHT

RÖMERTOPF®
IN DEN BESTEN KÜCHEN DER WELT

Sie haben sich für das leichte, schnelle und doch natürliche Kochen entschieden. Herzlichen Glückwunsch!
Dieses RÖMERTOPF® Kochbuch mit seiner reichhaltigen Auswahl von 452 Rezepten wird Sie in die Welt der RÖMERTOPF® Küche einführen.

Viel Spaß beim Ausprobieren.

Seit Jahrzehnten weltberühmt und doch jung geblieben, ist der RÖMERTOPF® heute so aktuell wie morgen: durch seine ganz besondere Art schonend zu garen. Das Naturprodukt ist genauso umweltverträglich, wie in ihm zubereitete Speisen magenfreundlich sind: voller Saft, Vitamine und Mineralien. Dank schonender Temperaturen geht praktisch nichts an Aromastoffen verloren. Genießen Sie die moderne Küche auf die leichte Art.

Ob „Hausmannskost“, leckere Gerichte der mediterranen Küche oder Spezialitäten aus asiatischen Ländern; ob große oder kleine Braten, Suppen oder Aufläufe, Fisch oder Gemüse: Für jede Gelegenheit finden Sie den passenden RÖMERTOPF®.

Das Dunstgaren im RÖMERTOPF® spart überflüssiges Fett. Spielend einfache

Handhabung garantiert Ihnen stets beste Kochergebnisse und schenkt Ihnen kostbare Freizeit. Zutaten vorbereiten, in den Topf geben, und ab geht's in den Backofen. Leichter kann Kochen nicht sein.

Genießen Sie im Kreise Ihrer Familie oder mit Freunden gemeinsame Gaumenfreuden aus dem RÖMERTOPF®.

Geschichte neu belebt

Der RÖMERTOPF® belebt alte Kochkunst neu und hat zugleich „junge“ Vorzüge. Schon die alten Römer, die ersten Gourmets europäischer Kultur, schmorten vor mehr als 2000 Jahren Gerichte unübertrefflich köstlich im eigenen Saft. Und auch in der Küche des vielzitierten Lucullus (108 – 56 v. Chr.) dünstete man schon in Tonformen.

Er erkannte die Vorteile der Methode unserer Vorfahren. Sie garten ihre Beute schon damals im Tonmantel in heißer Asche oder auf offenem Feuer ohne Aromaverlust. Und aus dem Ton schmeckt es heute wie damals, einfach super!

Praktische Helfer

Die praktischen Vorteile des Original RÖMERTOPFES® liegen auf der Hand: Saft und Aroma, alle Nährstoffe und Vitamine bleiben erhalten. Nichts wird mit dem überschüssigen Sud weggegossen. Der Eigengeschmack jeden Gerichts ist ebenso kräftig und arteigen wie sein Duft.

Im RÖMERTOPF® lässt sich zudem Fett sparen. Das entspricht ganz den Forderungen moderner Diätetik.

Wenn darüber hinaus Magen, Leber, Darm oder Galle Sorge bereiten, wer schlank werden oder bleiben will, der kann kalorienarm und köstlich garen.

Garzeit ist Freizeit

Die Garzeit ist Freizeit. Ist der Topf in der Röhre, muss er nicht beaufsichtigt werden. Denn Anbrennen oder Überkochen sind Fremdworte in der RÖMERTOPF® Küche. Weil während des Garens nichts spritzen oder verdunsten kann, bleibt außerdem der Backofen sauber!

Ein Überschreiten der empfohlenen Garzeit nimmt das RÖMERTOPF® Gericht nicht übel.

Die Tonform ist übrigens tischfein. Man kann die Speisen direkt aus dem Ofen auf den Tisch bringen. Das spart Zeit und Aufwand.

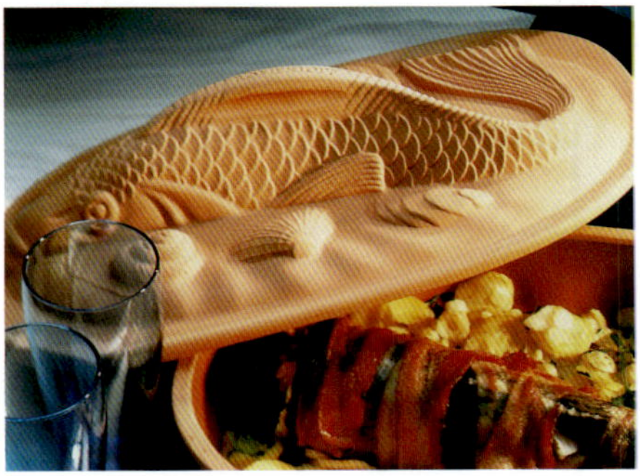

Perfekte Technik

Der RÖMERTOPF® bietet perfekte Technik und erleichtert die Kocharbeit.

Seine Vorzüge wird man im Laufe des „Zusammenlebens“ schätzen lernen: Der breite Boden garantiert beim Arbeiten festen Stand. Topf und Deckel sitzen mit breitem Rand aufeinander und halten fest zusammen, der Deckel kann nicht kippen. Der zwei bis vier Millimeter breite Spalt zwischen Unter- und Oberteil ist kein Fehler, sondern reguliert den Druck im geschlossenen Topf und lässt überschüssigen Dampf abziehen. Praktisch sind auch die integrierten Griffe. Hier lässt sich der Topf sicher halten und bequem öffnen.

Noch ein Vorteil des Original RÖMERTOPF® Systems: Sie können zwischen verschiedenen Größen und Formen wählen.

Moderne Küche – leicht und gesund genießen

Der Original RÖMERTOPF® funktioniert ganz einfach:

Feine Poren im porösen Ton nehmen beim Wässern genügend Wasser auf;

es erzeugt beim langsamen Erwärmen eine leichte Dunstschicht, sowohl im Backofen, als auch im Inneren des RÖMERTOPFES®.

Gargut trocknet nicht aus und erhält doch die Kruste, die sich Köche wünschen, wenn der Deckel in den letzen 20 Minuten vor Ende der Garzeit abgenommen wird.

Braten werden vollkommen:
innen saftig, außen knusprig.

Bei Eintöpfen und Aufläufen bleibt das Aroma aller Zutaten erhalten. Suppen köcheln langsam vor sich hin, ohne zu verkrusten.

Aller Anfang ist leicht

Wenn Sie mit dem RÖMERTOPF® arbeiten, prüfen Sie, ob die Gerichte in der empfohlenen Zeit gar werden. Die Temperaturen variieren bei den einzelnen Herden oft beachtlich. Abweichungen werden Sie bald kennen. Und passieren wird nichts, weil der RÖMERTOPF® auch Zeitüberziehungen nicht übelnimmt. Ein Verändern der Garzeiten beeinflusst natürlich die Krustenbildung. Gedünstetes, wie es beispielsweise für Magen- und Darmempfindliche empfohlen wird, erfordert weniger Zeit als knusprig Gebratenes. Auch wenn keine Flüssigkeit entweicht, sollten Sie bei längeren Zeiten doch nachsehen, ob etwas warme Flüssigkeit zugegossen werden muss. Dies gilt besonders bei magerem Fleisch, weil dieses eher trocken wird.

Der RÖMERTOPF® muss vor jedem Benutzen ca. 10 Min. gewässert werden.

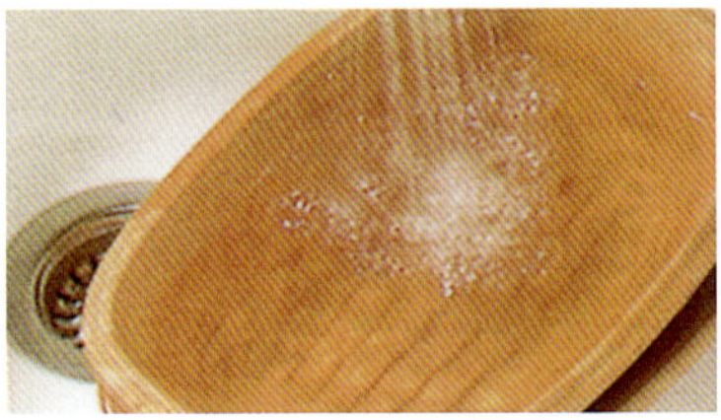

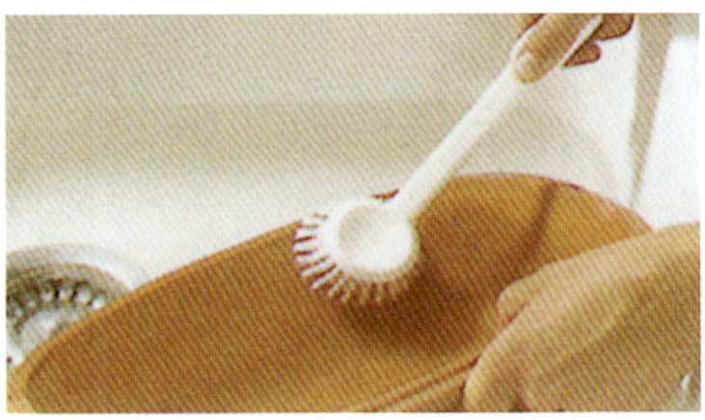

Vor der ersten Benutzung will Ihr Topf sogar reichlich „baden". Bürsten Sie ihn anschließend gut aus.

Wird der Topf nicht benutzt, legen Sie beide Hälften ineinander und stellen ihn an einen luftigen Platz.

Der RÖMERTOPF® wird immer in den kalten Backofen geschoben. Danach erst aufheizen.

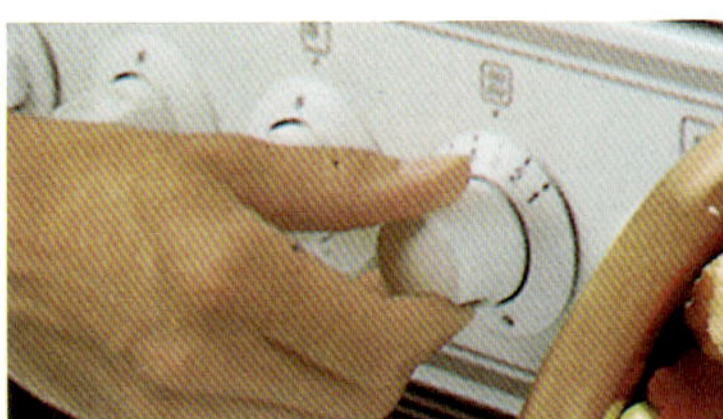

Heizen Sie richtig ein

Beim Elektroherd wird zu Beginn die erforderliche Temperatur eingestellt. Das Thermostat sorgt für langsames und schonendes Anheizen. Wählen Sie wie beim normalen Backen die Einstellung mit gleichstarker Ober- und Unterhitze oder Umluft.

Die idealen Temperaturen sind bei Umluft 180 °C und bei Ober- und Unterhitze 220 °C.

Zum Überkrusten können Sie aber zum Ende der Garzeit auch eine höhere Temperatureinstellung wählen.

Beim Gasherd, der gleich die volle Hitze ausstrahlt, beginnt man mit Stufe 3 (ca. 190° C) und stellt bis zur erforderlichen Temperatur im Abstand von je 5 Minuten um eine Stufe höher.

Jeder RÖMERTOPF® kann auch in die Mikrowelle gestellt werden. Da die Mikrowellen aber extrem schnell arbeiten, sollten Sie anfangs etwas auf dem „Beobachtungsposten" sein, um ein Gefühl für die neuen Garzeiten zu bekommen.

Temperaturen auf einen Blick

Umluftherd:	**180 °C**
Ober-Unterhitze:	**220 °C**
Gasherd:	**mit Stufe 3 beginnen und langsam hochheizen auf Stufe 4 – 5**

Viel Spaß beim Probieren

Das gilt für alle Vorschläge im Buch. Sie sind, wenn es nicht die Vielzahl der Zutaten oder besonders lange Garzeiten anders empfehlen, auf den durchschnittlichen Appetit von vier Personen berechnet.

Die Nährwerte sind Durchschnittsangaben pro Person für das angegebene Gericht und seine Zutaten, ohne Beilagen.

GUTEN APPETIT!

Leichte Handhabung

Ihr Original RÖMERTOPF® wird Ihnen jahrelang Gaumenfreude bereiten, wenn Sie ihn richtig behandeln. Das ist nicht schwierig, gehen Sie nach folgenden Faustregeln vor:

- Der RÖMERTOPF® muss vor jedem Benutzen 10 Minuten gewässert werden; haben Sie wenig Zeit, genügt es schon, den Deckel ca. 30 Sekunden unter fließendes Wasser zu halten. Die Poren nehmen in dieser Zeit ausreichend Wasser auf. Es ist aber besser, ihn für 10 Minuten komplett in ein Becken mit Wasser zu legen.
- Vor der ersten Benutzung will Ihr Topf sogar reichlich „baden“. Bürsten Sie ihn anschließend gut aus, damit sich aller von der Fabrikation noch anhaftender Tonstaub löst.
  Gereinigt wird der Topf mit heißem Wasser, einigen Tropfen mildem Spülmittel und einer Bürste. Sie können den RÖMERTOPF® auch in die Spülmaschine stellen.
- Nach rund 100-maliger Benutzung sollte der RÖMERTOPF® mit Essigwasser ausgekocht werden. Füllen Sie das Unterteil mit einer Mischung aus 2/3 Wasser und 1/3 Essig oder Zitronensaft, stellen Sie ihn in den Backofen und lassen das Ganze ca. eine halbe Stunde kochen. Danach sind die Poren wieder völlig frei und atmungsaktiv, speichern Wasser wie am ersten Tag.
- Wird der Topf nicht benutzt, legen Sie beide Hälften ineinander und stellen ihn an einen luftigen Platz. Auch bei sorgfältigster Pflege wird sich der RÖMERTOPF® verfärben bzw. nachdunkeln. Das ist kein Nachteil, sondern beweist, dass er aus natürlichem Material besteht.

Temperaturschocks vermeiden

- **Der Original RÖMERTOPF® darf nur im Backofen oder in der Mikrowelle verwendet werden. Bitte setzen Sie ihn niemals auf eine heiße Herdplatte oder offenes Feuer. Und: Er wird immer in den kalten Backofen geschoben. Danach erst aufheizen.**
- Geben Sie niemals kalte Flüssigkeit während des Garens zu. Der Topf könnte reißen. Gießen Sie nur angewärmte Flüssigkeit zu.
- Stellen Sie die heiße Form aus dem Backofen am besten auf einen Untersatz aus Holz oder Kork oder auf ein gefaltetes Handtuch, damit sie auf einer kalten Unterlage nicht zu plötzlich abkühlt und zerspringt.

RÖMERTOPF® RÖMERTOPF® RÖMERTOPF®
RÖMERTOPF®
RÖMERTOPF®

DEFTIGES AUS DER HAUSMANNS-KÜCHE: SO FEIN IST SCHWEIN

Auch wenn es das Auge nicht sieht: Schweinefleisch ist immer leicht von Fett durchzogen. Deshalb lässt es sich ideal ohne Fett und mit sehr wenig Flüssigkeit braten; im RÖMERTOPF® gart es sogar im eigenen Saft, ohne auszutrocknen – und das ganz ohne Aufsicht. So durch und durch saftig und weich haben Sie Schweinefleisch selten genossen.

Schweinebraten

Garzeit rund 2 Stunden

750 g Bratenfleisch (am besten von Schlegel, Hals oder Rippe), Salz, frisch gemahlener Pfeffer, 1 Zwiebel, Tomaten, 1 EL Semmelbrösel, Instant-Brühe, Mehl zum Binden.

Nährwert bei magerem Fleisch p. P. ca. 525 kcal = 2.198 kJ

Fleisch waschen und trocken tupfen; rundum mit Salz und Pfeffer einreiben; in den gewässerten RÖMERTOPF® legen, mit 1 Tasse Brühe angießen und den Topf schließen. Nach 1 Stunde evtl. etwas heißes Wasser angießen. Zwiebelwürfel und Tomatenviertel dazugeben, mit den Semmelbröseln bestreuen. Den Bratensaft mit wenig heißer Brühe ablöschen, durch ein Sieb gießen, abschmecken. Evtl. mit etwas angerührtem Mehl binden.

Dazu passen Kartoffeln oder Knödel Ihrer Wahl.

Variationen dazu:

Schweinebraten mit Gemüsesoße

1 Bund zerkleinertes Suppengemüse, 1-2 Knoblauchzehen und 2 vorbereitete, geschnittene Möhren mitgaren.
Mit einer Tasse Brühe aufgießen.

Senfbraten

Fleisch vor dem Garen von allen Seiten dick mit Senf bestreichen; alle Arten eignen sich dafür. Raffiniert ist eine Mischung aus 1/2 normalem, 1/4 Düsseldorfer und 1/4 Münchner Weißwurst-Senf.

Marinierter Schweinebraten

Fleisch 48 Stunden vor dem Garen in Sauerbraten-Marinade (s. Seite 27) einlegen. Statt Flüssigkeit für die Soße die Marinade verwenden.

Schweinebraten in fruchtiger Soße

Schweinebraten mit Salz und buntem Pfeffer bestreuen. In den gewässerten RÖMERTOPF® geben. Eine unbehandelte Apfelsine heiß abwaschen, die Schale fein abreiben. Mit dem ausgepressten Saft und dem zerpflückten Fruchtfleisch einer weiteren Orange in die fertige Soße mischen, mit Salz und eingelegten grünen Pfefferkörnern abschmecken.

Beilage: neue Kartoffeln mit Petersilie bestreut, in Butter leicht angeröstet.

Schweinebraten in Sahnesoße

Nährwert p. P. ca. 585 kcal = 2.448 kJ

Schweinebraten nach Grundrezept zubereiten, Bratensaft mit 200 g saurer Sahne verrühren, mit viel fein gehackter Petersilie verfeinern. Weinbrand und grob gemahlener Pfeffer geben Rasse.

Schweinebraten mit Mirabellen
(Frankreich)

Garzeit ca. 2,5 Stunden
800 g magere Schweineschulter, Salz, frisch gemahlener Pfeffer, klein geschnittener frischer oder zwischen den Fingern zerriebener getrockneter Thymian, 1 Knoblauchzehe, 1 Tasse Würfelbrühe, 500 g Mirabellen, 2 EL Zucker, 1 EL Weinessig, 2 EL Weinbrand, 400 g kleine Zwiebeln, 1 TL Speisestärke.
Nährwert p. P. ca. 700 kcal = 2.929 kJ

Fleisch waschen und trocken tupfen; mit Salz, Pfeffer, Thymian und gepresstem Knoblauch rundum einreiben, in den gewässerten RÖMERTOPF® legen. Brühe dazugießen; Deckel auflegen.
Inzwischen die Mirabellen in wenig Wasser weichkochen, anschließend abtropfen lassen und dabei den Fruchtsaft auffangen; bis auf einen TL den Zucker mit dem Fruchtsaft aufkochen; Flüssigkeit bis etwa zur Hälfte einkochen; diesen Sirup mit dem Essig und dem Weinbrand verrühren.
Nach 1 1/2 Stunden Garzeit das Fleisch mit den geschälten Zwiebeln umlegen, mit dem würzigen Obstsud begießen; dies noch zwei Mal nach je 20 Minuten wiederholen. Dann das Fleisch mit dem restlichen Zucker bestreuen, im offenen Topf gar braten. Zum Schluss Zwiebeln und Fleisch auf eine vorgewärmte Platte heben. Die Soße mit den Mirabellen vermischen, leicht mit angerührter Speisestärke binden, nachschmecken und dazu servieren.

Knackiges Weißbrot ist die geeignete Beilage.

Krustenbraten
(Süddeutschland, Österreich)

Garzeit ca. 2 Stunden
750 g Schweinebraten mit Schwarte, Salz, frisch gemahlener Pfeffer, 1 EL Semmelbrösel, 1/2 TL Kümmel, 1 Zwiebel, 2 Tomaten, Instant-Brühe, Mehl zum Binden.
Nährwert bei magerem Fleisch p. P. ca. 600 kcal = 2.511 kJ

Fleisch unter fließend kaltem Wasser abbrausen, trocken tupfen. Rundum mit Salz und Pfeffer einreiben. Die Schwarte karoförmig einschneiden.
TIPP: Sie brauchen ein sehr scharfes Messer. Manchem fällt das Einschneiden mit der Küchenschere leichter. Noch besser: Kruste schon beim Einkauf einschneiden lassen!
Fleisch mit Zwiebeln und Tomaten in den gewässerten RÖMERTOPF® legen, mit 1 Tasse Brühe angießen, die Schwarte mit Semmelbröseln und Kümmel bestreuen; Topf schließen.
In der Mitte der Garzeit wenig heißes Wasser angießen. Den Bratensaft mit etwas Wasser loskochen, durch ein Sieb streichen oder mit dem Handmixstab pürieren. Abschmecken. Nach Belieben mit Brühe verlängern und mit angerührtem Mehl binden.

Ideale Beilagen sind Kartoffelknödel und Salate.

Bierbraten

Zubereitung wie Krustenbraten, Rezept Seite 15.
Es kann jedoch die Kümmelzugabe auf 1 TL erhöht werden. Hier wird jedoch beliebiges Bier als Flüssigkeit verwendet. Normales helles ist immer richtig, dunkles Bier oder Pils macht es kräftiger im Aroma. Keine Angst vor zu viel Alkohol! Er verflüchtigt während der Garzeit!

Gekräuterter Schweinerücken im Weinsud

(Italien)

Arista – „das Beste" – nannte Lorenzo von Medici, der glanzvolle Florentiner Renaissance-Herrscher, dieses Gericht. Bis heute begeistert es Italiener wie Touristen. Seine Besonderheit: das Fleisch siedet mindestens 3 Stunden lang bei kleiner Flamme im Kräuterwein. Der RÖMERTOPF® macht's ideal möglich.

Garzeit mindestens 3 Stunden
bei nur 160 °C
800 g Schweinerücken (oder Rollbraten),
je 2 EL frischer oder 1 1/2 TL getrockneter
Salbei und Rosmarin, Salz,
frisch gemahlener weißer Pfeffer,
3 Knoblauchzehen, 1 Prise Muskatnuss,
2 EL Olivenöl, 2 Zwiebeln,
1/2 l kräftiger Rotwein (wie Chianti),
1 Staudensellerie, 2 EL gehackte Petersilie.
Nährwert p. P. ca. 600 kcal = 2.511 kJ

Fleisch waschen und trocken tupfen. Alle Kräuter fein hacken, mit Salz, Pfeffer, einer gepressten Knoblauchzehe, Muskat und Öl zur pikanten Paste mischen und damit das Fleisch rundum einreiben; in Folie wickeln, mindestens eine Stunde Aroma ziehen lassen.
Dann ohne Fett in der heißen Pfanne rundum anbraten, in den gewässerten RÖMERTOPF® legen. Zwiebeln abziehen, fein hacken, mit dem Wein dazugeben. Mit Salz, Pfeffer, Selleriestücken und Petersilie weiter aromatisieren, den Topf schließen. Zum Schluss Fleisch aus dem Sud nehmen, 10 Minuten warm ruhen lassen. Inzwischen den Sud durchs Sieb in einen Topf umgießen, dicklich einkochen, nachwürzen.

TIPP: Das Fleisch wird in sehr dünnen Scheiben serviert; am besten lässt es sich kalt mit der Brotmaschine schneiden. Deshalb möglichst entsprechend zeitig garen. Fleisch im Sud abkühlen lassen,

dann schneiden. Die Scheiben vorsichtig in der Soße wieder erwärmen.
Ihr RÖMERTOPF® macht's, ohne das Fleisch auszutrocknen!

Weißbrot und Fenchelgemüse sind typische Beilagen.

Schweinebraten in Koriander Wein

(Zypern)

Wie italienischen Schweinerücken im Weinsud bereiten, jedoch nur mit 1/4 l Wein; mindestens 4 geviertelte Knoblauchzehen und 1 TL Koriander mitschmoren.
In den letzten 30 Gar-Minuten die Flüssigkeit bei geöffnetem Topf weitgehend verdampfen lassen.

Schweinebraten nach Wildschwein-Art

(Frankreich)

Aus 1/4 l Rotwein, etwas Weinessig, Salz, Zwiebel und Knoblauch Marinade bereiten; mit Lorbeerblatt, etwas Koriander, Thymian, Salbei und frischer Minze gibt es südliches Flair. Wie Gekräuterter Schweinerücken im Weinsud (s. Seite 16), jedoch mit der Marinade statt mit Wein bereiten.

Die originale Beilage sind Esskastanien.

Gekräuterter Schweinerücken, gespickt

(Italien)

Fleisch vor dem Anbraten mit Streifen von Knoblauch, Rosmarinnadeln und ein paar Gewürznelken spicken.

Schweinefleisch mariniert mit Muscheln

(Spanien)

Aus 1/8 l trockenem Sherry, Salz, Pfeffer, Knoblauch und Lorbeerblatt die Marinade rühren und das Fleisch über Nacht einlegen. Anbraten mit 3 Tomaten und Streifen von 12 Paprika-Schoten

schmoren. Der Clou ist ein Glas Muschelfleisch, das in die fertige Soße eingelegt wird.

Schinken, gegart

(Skandinavien)

Garzeit ca. 75 Minuten

Dörrobst ca. 12 Stunden einweichen.

200 g Dörrobst, 800 g gekochter Schinken am Stück, 1 Lorbeerblatt, 1 TL Pfefferkörner, 2 EL Senf, 2 EL Semmelbrösel, 1 TL Zucker.

Nährwert p. P. ca. 550 kcal = 2.300 kJ

Dörrobst ca. 12 Stunden einweichen. Den Schinken in den lt. Vorwort gewässerten RÖMERTOPF® legen. Die Gewürze und das Dörrobst dazugeben, mit 1/2 l Wasser aufgießen; den Topf schließen. Den Schinken in der letzten 1/4 Stunde mit einer Paste aus Senf, Semmelbröseln und Zucker bestreichen.

Beilage: Brot.

Kasseler Rippenspeer
(Deutschland)

Garzeit rund 2 Stunden
750 g Kasseler Rippenspeer,
1 Bund Suppengemüse, 1 Tomate,
1 Zwiebel, etwas Bratensoßenpulver,
1 TL Senf, Pfeffer aus der Mühle.
Nährwert p. P. ca. 450 kcal = 1.883 kJ

Fleisch abbrausen und trocken tupfen. In den gewässerten RÖMERTOPF® legen; Deckel schließen; nach 60 Minuten mit 2 Tassen heißem Wasser begießen, das zerkleinerte Suppengemüse, die geviertelte Tomate und Zwiebelwürfel dazugeben; in weiteren 45 Minuten weich schmoren; noch 15 Minuten im offenen Topf bei 220 bis 250 Grad überkrusten. Die Soße mit dem angerührten Soßenpulver binden, mit Senf und Pfeffer aus der Mühle würzen.

TIPP: Wenn sie das Fleisch vor dem Überkrusten mit Zucker bestreuen, wird es noch krosser.

Dazu Kartoffelpüree und Sauerkraut oder Kartoffeln mit Salat.

Variationen dazu:

Rippenspeer Försterin

Geben Sie beliebige Pilze dazu: getrocknete Waldpilze sind ideal. 1 Tasse Wasser durch Rotwein ersetzen, einige zerdrückte Wacholderbeeren mitgaren.

Rippenspeer Jägerart, böhmisch

Die Soße im vorigen Rezept mit saurer Sahne verfeinern.

Gegrillter Rippenspeer

Vorbereitetes Fleisch ohne weitere Beigaben im gewässerten RÖMERTOPF® ca. 2 Stunden bei 220 °C im eigenen Saft garen.

Gefüllte Schweinerippe
(Skandinavien, Norddeutschland)

Garzeit 1,5 bis 2 Stunden
Dörrobst 12 Stunden vorher einweichen.
1.200 g dicke Rippe – beim Einkauf am besten, Knochen gleich einhacken und darüber eine Tasche einschneiden lassen –,
100 g Dörrobst, 1-2 säuerliche Äpfel,
2 EL Rosinen, 1 EL Mandelsplitter, Salz, frisch gemahlener Pfeffer.
Nährwert p. P. ca. 500 kcal = 2.093 kJ

Dörrobst ca. 12 Stunden einweichen; abtropfen lassen. Apfel schälen, vom Kerngehäuse befreien, schnitzeln, Dörrobst und Apfelstücke mit den Rosinen und Mandeln mischen. Fleisch innen und außen waschen, trocken tupfen und mit Salz und Pfeffer einreiben; mit der Fruchtmischung füllen. Die gefüllte Tasche mit weißem Baumwollgarn zunähen oder mit Spießchen zustecken. In den gewässerten RÖMERTOPF® legen, mit 1 Tasse Wasser begießen, Topf schließen.

Dazu passen Kartoffeln oder Klöße und Salat.

Gefüllte Schweinebrust, holländisch

Fleischtasche mit einer Mischung aus Gouda, eingeweichtem und ausgedrücktem Brötchen, gehackter Petersilie, Eidotter, Rosinen, Salz, Pfeffer, Paprika und gehackter Petersilie füllen.

Schweinefilet mit Schinken
(Italien)

Garzeit ca. 1 Stunde
500 g Schweinefilet, Salz,
frisch gemahlener Pfeffer, 250 g Tomaten,
250 g Champignons, 200 g magerer
gekochter Schinken in Scheiben,
1 Knoblauchzehe, etwas Thymian,
Rosmarin und Salbei, 1/8 l saure Sahne,
1 EL Sardellenbutter, 1 EL Tomatenketchup.
Nährwert p. P. ca. 400 kcal = 1.674 kJ

Das gewaschene und trocken getupfte, von Hautresten befreite Fleisch in Plättchen schneiden, salzen und pfeffern. Die Tomaten kurz in kochendes Wasser halten, enthäuten, in Scheiben schneiden. Die Champignons vorbereiten, vierteln. Den gewässerten RÖMERTOPF® mit der Hälfte des Schinkens auslegen; darauf das Fleisch und die Tomaten-Pilz-Mischung füllen; mit dem restlichen Schinken bedecken. Übrige Zutaten verrühren und darüber gießen.

Dazu schmeckt frischer Salat und Rotwein. Gut passen auch Teigwaren, werden aber in Italien nicht gereicht.

Schweinefilet in Olivensoße
(Spanien)

Garzeit ca. 45 Minuten
600 g Schweinefilet, 3 EL Olivenöl,
1 Zwiebel, 4 Knoblauchzehen,
400 g Tomaten, 100 ml trockener Sherry,
Salz, frisch gemahlener Pfeffer,
100 g paprikagefüllte Oliven, 1 EL Rosinen,
1 EL gehackte Petersilie,
1 EL gemahlene Mandeln.
Nährwert p. P. ca. 400 kcal = 1.674 kJ

Fleisch waschen und trocken tupfen, von der Haut befreien und in dicke Scheiben schneiden. Im Öl in der Pfanne von beiden Seiten kurz anbraten, die geschälte, gewürfelte Zwiebel und den Knoblauch dazugeben, kurz mitschmoren, Tomaten kurz in kochendes, dann unter kaltes Wasser halten, enthäuten, in Scheiben schneiden und in den gewässerten RÖMERTOPF® geben; mit 4 EL Sherry und 1 Tasse Wasser begießen, salzen, pfeffern; Fleisch darauf legen, den Topf schließen. Gegartes Fleisch heraus nehmen und warm stellen. Die Tomaten verrühren, bis eine fast glatte Soße entsteht; in Scheiben geschnittene Oliven, Rosinen und den übrigen Sherry dazugeben, aufkochen. Mit Petersilie verfeinern, mit Mandeln binden, nachschmecken.

Reis ist die passende Beilage.

Schweinefilet mit Paprika
(Spanien)

Garzeit ca. 65 Minuten
Ca. 600 g Schweinefilet, Salz,
frisch gemahlener Pfeffer, je 1 große rote,
grüne und gelbe Paprikaschote,
1/2 TL Zucker, 1 Prise Zimtpulver,
1/2 Tasse Rotwein, 2 EL Olivenöl, 1 Tomate,
2 Knoblauchzehen, 2 Zwiebeln.
Nährwert p. P. ca. 400 kcal = 1.674 kJ

Das gewaschene und trocken getupfte Fleisch von Hautresten befreien, mit Salz und Pfeffer einreiben. Die Paprikaschoten waschen, vierteln und vom Stielansatz und dem Kerngehäuse befreien, in den gewässerten RÖMERTOPF® legen; salzen, pfeffern, mit Zucker und Zimt bestreuen; mit Wein, 1 Tasse Wasser und 1 EL Öl begießen; Deckel auflegen, Tomate mit kochendem Wasser überbrühen, enthäuten, würfeln. Knoblauch und Zwiebeln abziehen, klein schneiden und im Öl in der Pfanne anschmoren. Fleisch von allen Seiten mit anbräunen, zur Hälfte der Garzeit auf die Paprika legen; Tomatenstücke dazugeben. Das fertige Gemüse vorsichtig mit Salz und Pfeffer abschmecken, zum Fleisch reichen.

Dazu passt Reis.

Schweinefilet mit Ananas
(Thailand)

Garzeit ca. 1,5 Stunden
800 g Schweinefilet, 4 Knoblauchzehen, Salz, viel Tabasco, etwas Koriander, 400 g Ananasfleisch, am besten frisch, 1 kleine Salatgurke, 3 EL Sojasoße, 2 EL Essig, 2 EL brauner Zucker oder Honig, frisch gemahlener Pfeffer.
Nährwert p. P. ca. 350 kcal = 1.564 kJ

Schweinefilet in 4 Stücke teilen. Knoblauch pressen, mit Tabasco, Salz und Koriander zu einer würzigen Paste verrühren, das Fleisch damit dick einreiben. Mit 1 Tasse Wasser in den gewässerten RÖMERTOPF® legen, Topf schließen. Nach einer Stunde das grob geschnittene Ananasfleisch und die geschälte, gewürfelte Gurke dazugeben. Im Abstand von 10 Minuten mit einer Mischung der übrigen Zutaten und 3 EL Wasser beträufeln.

Zu Filet mit Ananas schmeckt Reis sehr gut.

Schweinerippchen mit Ananas
(Thailand)

Garzeit ca. 1 Stunde
1.000 g Schweinerippchen, Salz, frisch gemahlener Pfeffer, 1 unbehandelte Zitrone, 2 EL Sesam-Öl, 2 EL Sojasoße, 1 EL Essig, 2 TL Honig, 1 kleine Dose Ananasstücke, Tabasco, 1 kleine Prise Ingwer.
Nährwert p. P. ca. 350 kcal = 1.465 kJ

Rippchen gut waschen und trocken tupfen. Salz, Pfeffer, etwas abgeriebene Zitronenschale und das Öl verrühren; Rippchen damit beträufeln, durchziehen lassen, dann in der Pfanne anbraten. In den gewässerten RÖMERTOPF® geben; Zitronensaft und restliche Zutaten mischen, dazugeben; mit 1 Tasse Wasser aufgießen, Deckel auflegen. In den letzten 15 Minuten den Topf öffnen.

Zu Rippchen mit Ananas passt Reis.

Schweinefrikassee mit Sellerie
(Griechenland)

Garzeit ca. 1 Stunde
800 g Schweineschnitzel, 1 Zwiebel, 3 EL Öl, 1 EL Mehl, Salz, frisch gemahlener Pfeffer, 1 Sellerieknolle mit Grün.
Nährwert p. P. ca. 500 kcal = 2.092 kJ

Fleisch waschen, trocken tupfen, in Stücke schneiden. Die Zwiebel abziehen, hacken, im Öl anschmoren. Fleisch im Mehl wenden und unter bewegen mit anbraten. Beides in den gewässerten RÖMERTOPF® geben, salzen, pfeffern. Sellerieknolle vom Grün befreien, in Streifen schneiden, zum Fleisch geben. Mit 1 Tasse Wasser begießen, Topf schließen.

Reis schmeckt als Beilage.

Schweinshaxe, gebraten

(Süddeutschland, Österreich)

Garzeit ca. 2 Stunden

1 Schweinshaxe von 1.000 g, Salz, Kümmel (gemahlen), 2 Möhren, 2 Zwiebeln, 2 EL Weinessig, 1 Tasse Würfelbrühe, 1 Pä Bratensoßen-Pulver, 2 EL fein gehackte Petersilie.

Nährwert p. P. ca. 400 kcal = 1.674 kJ

Haxe waschen, trocken tupfen, salzen und mit Kümmel einreiben, in den gewässerten RÖMERTOPF® legen. Möhren und Zwiebeln vorbereiten, grob zerschneiden, dazugeben. Mit der mit dem Essig verrührten Brühe aufgießen; Topf schließen. Nach dem Garen den Sud mit dem angerührten Bratensoßen-Pulver und der Petersilie verfeinern. Die Haxe im geöffneten Topf ca. 10 Minuten überbacken, damit sie die charakteristische knusprige Kruste erhält.

Zur Haxe passen Kartoffel- oder Semmelknödel mit Gemüse bzw. Sauerkraut.

Schweinshaxe, böhmisch

Das beim Grundrezept mitgeschmorte Gemüse mit einem zerdrückten Lorbeerblatt, 1 gepressten Knoblauchzehe, Gewürznelkenpulver und 1 EL Tomatenmark würzen; mit Wein und etwas Zitronensaft aufgießen.

Schweinshaxe, beschwipst

Als Flüssigkeit 1/4 l trockenen Weißwein verwenden; mit Instant-Brühe würzen.

Schweinegulasch

(Österreich)

Garzeit ca. 75 Min.

600 g Schweinegulasch, 30 g Schweineschmalz, 300 g Zwiebeln, 1 Knoblauchzehe, 1 EL Mehl, 1 EL Paprika edelsüß, 1/4 l kräftige Würfelbrühe, 1/8 l saure Sahne, Salz, 1 EL gehackte Petersilie.

Nährwert p. P. ca. 550 kcal = 2.030 kJ

Fleisch waschen, trocken tupfen, anhaftende Haut und Fett abscheiden; mit den enthäuteten, grob geschnittenen Zwiebeln und dem gehackten Knoblauch in erhitztem Schmalz in der Pfanne anbraten. In den gewässerten RÖMERTOPF® geben, mit Mehl und Paprika verrühren; mit Brühe und saurer Sahne aufgießen, leicht salzen, Petersilie untermischen, Topf schließen.

Zum Gulasch passen Nudeln oder Salzkartoffeln.

Schweinegulasch, ungarisch

100 g durchwachsenen Räucherspeck würfeln, in der Pfanne ausbraten, Fleisch darin anbräunen. Auf Schweineschmalz kann man dann verzichten.
3 Knoblauchzehen und 2 gewürfelte Senfgurken mitschmoren, die Soße mit Tomatenmark und Kümmel verändern.

Koteletts mit Bohnen
(Griechenland)

Garzeit ca. 1 Stunde
4 kleine Schweinekoteletts, Salz,
frisch gemahlener Pfeffer, 2 EL Olivenöl,
2 große Zwiebeln, 2 Knoblauchzehen,
500 g grüne Bohnen, 500 g Tomaten,
1/4 l Weißwein, 1 Prise Zimt, 1 Zitrone.
Nährwert p. P. ca. 500 kcal = 2.092 kJ

Fleisch waschen, trocken tupfen, mit Salz und Pfeffer würzen; in der Pfanne mit Öl von beiden Seiten anbraten. Enthäutete Zwiebeln und Knoblauchzehen hacken, kurz mit anschmoren. Bohnen vorbereiten, zerkleinern, in den gewässerten RÖMERTOPF® geben; vom Stielansatz befreite Tomaten waschen, vierteln, dazulegen; mit dem Weißwein begießen, mit Pfeffer, Salz, sowie Zimt bestreuen und mit Zitronensaft beträufeln. Das Fleisch mit Zwiebeln und Knoblauch darauf geben.

Zu den Koteletts mit Bohnen passt Reis.

Spanferkel

Garzeit ca. 90 Minuten
1.000 g Spanferkel-Fleisch mit Knochen,
Salz, frisch gemahlener Pfeffer,
1 Schwarte vom Räucherspeck, 1 Zwiebel,
4 EL kräftige Würfelbrühe, 1/8 l Bier,
1/8 l Milch.
Nährwert p. P. ca. 550 kcal = 2.300 kJ

Fleisch gut abwaschen, trocken tupfen; kräftig mit Salz und Pfeffer einreiben. Mit Speckschwarte und enthäuteter, gehackter Zwiebel in den gewässerten RÖMERTOPF® geben. Mit Brühe abgießen, den Topf schließen. In der letzten halben Stunde den Topf offen lassen, im Abstand von 5 Minuten jeweils abwechselnd mit Bier und Milch beträufeln. Die übrige Flüssigkeit erwärmen, dazugeben, 5 Minuten mitgaren. Abschmecken.
TIPP: Die knusprige Kruste bricht beim Schneiden leicht; deshalb am besten mit der Schere zerteilen.

Zu Spanferkel reichen Sie Kartoffeln.

Spanferkel mit Fenchel
(Italien)

Garzeit ca. 90 Min
1.000 g Spanferkel-Fleisch,
Salz, frisch gemahlener Pfeffer,
2 Knoblauchzehen, 2 Knollen Fenchel,
1/4 l trockener Weißwein.
Nährwert p. P. ca. 400 kcal = 1.674 kJ

Fleisch waschen und trocken tupfen; mit Salz, Pfeffer und gepresstem Knoblauch einreiben, in den gewässerten RÖMERTOPF® legen; vorbereiteten, geviertelten Fenchel dazugeben. Mit 1 Tasse Wein begießen, kräftig mit Pfeffer bepudern. Deckel auflegen. Das Gericht in den letzten 20 Minuten im offenen Topf überbacken, öfter mit Wein beträufeln.

Dazu passen Weißbrot, Salat und der Wein, den Sie zum Kochen verwenden.

WENN SIE KRÄFTIGES AROMA MÖGEN: KÖSTLICHES RINDFLEISCH

Der Wiener Tafelspitz als Beispiel beweist: Rindfleisch wird nur wirklich gut, wenn es lange köchelt. Hier geht nichts auf die Schnelle, zeitsparende Garmethoden machen trocken und faserig. Im RÖMERTOPF® dagegen – bei stundenlang gleichbleibender Hitze – gelingt Rind zur echten Gaumenfreude. Bei dem sehr fettarmen Fleisch muss immer etwas Flüssigkeit mit in den RÖMERTOPF® gegeben werden; allerdings kann es viel weniger sein, als beim Garen auf dem Herd – weil hier nichts verdunstet. Nach rund einer Stunde Garzeit wird bei Bedarf Flüssigkeit nachgegossen, damit das Rindfleisch nicht austrocknet.

TIPP: Garantiert mürben Rinderbraten bekommen Sie, wenn Sie das Fleisch in ein enges Gefäß legen (ideal ist meist ein kleiner RÖMERTOPF®) und mit gutem Öl übergießen. Drei Tage stehen lassen, dann das Fleisch auf einem Sieb abtropfen lassen. Das abgetropfte Öl kann auch später noch zum Braten von Fleisch verwendet werden.
Rindfleisch wird am besten in der Pfanne – sehr heiß und von allen Seiten angebraten. Nur so schließen sich die Poren; köstlicher Saft bleibt im Fleisch und kann nicht auslaufen. Für das weitere Garen nach Rezept ist Ihr RÖMERTOPF® der richtige Küchenhelfer. Im Übrigen gilt besonders für Rindfleisch der Grundsatz, dass die Garzeit auch noch etwas verlängert werden kann. Auf jeden Fall aber muss hier immer ausreichend Flüssigkeit im Topf sein.

Rinderschmorbraten

Garzeit ca. 2,5 Stunden

750 g Rinder-Bratenfleisch,
100 ml Öl, Salz, frisch gemahlener Pfeffer,
etwas Zitronensaft, 1 Bund Suppengemüse,
1 Zwiebel, 1 - 2 Tomaten,
1/2 Tasse Rotwein, 1-2 Tassen Würfelbrühe,
1 El fein gehackte Petersilie.

Nährwert p. P. ca. 450 kcal = 1.883 kJ

Fleisch in Öl einlegen, wie wir es Ihnen beim mürben Rinderbraten zu Beginn dieser Seite empfehlen.
In der Pfanne im noch anhaftenden Öl von allen Seiten kurz anbraten; in den gewässerten RÖMERTOPF® legen, mit Salz und Pfeffer bestreuen und mit Zitronensaft beträufeln. Suppengemüse, Zwiebel und Tomaten vorbereiten, grob zerschneiden, dazugeben; mit Wein und 1/2 Tasse Brühe angießen; Topf schließen.

Nach der Hälfte der Garzeit die restliche Brühe dazugießen. Wenn das Fleisch mürbe ist, die Soße durch ein Sieb passieren, evtl. noch mit Wein, Wasser oder saurer Sahne aufgießen, nachschmecken, mit der Petersilie verfeinern.

Zu Schmorbraten passen Reis, Kartoffeln, Teigwaren oder Knödel gleichermaßen, sowie Salat.

Variationen dazu:

Spickbraten

Fleisch vor dem Braten mit Streifen von fettem Räucherspeck spicken; das macht es besonders saftig. Wenn Sie den Speck vor dem Servieren entfernen, muss die Nährwertangabe nicht korrigiert werden.

Pfefferbraten

(Skandinavien)

Die Soße mit Schwarzbrotbröseln binden. 1 TL eingelegte Pfefferkörner zerdrücken, mit etwas Weinessig verrühren, die Soße damit pikant würzen.

Kartoffeln sind die bevorzugte Beigabe.

Senfbraten

(Polen)

Vor dem Braten das Fleisch zwei bis drei Mal teilen, an den Schnittstellen mit scharfem oder Delikatess-Senf bestreichen, mit weißem Baumwollgarn zusammen binden. Soße mit Würfeln von Senfgurke pikant abschmecken.

Klassischer Rinderbraten
(Frankreich)

Garzeit ca. 3 Stunden

Kenner schätzen boeuf à la mode, den köstlichen, in Wein geschmorten Rinderbraten. Wegen der langen Garzeit eignet sich der RÖMERTOPF® ideal und muss nicht beaufsichtigt werden.

800 g Rinder-Bratenfleisch,
1 EL Olivenöl, 1/8 l Rotwein,
1/8 l kräftige Brühe,
50 g fetter Räucherspeck, 1 kleiner Kalbsfuß,
1 Möhre, 1 Zwiebel,
1 TL Kräutermischung der Provence,
Salz, frisch gemahlener Pfeffer.
Nährwert p. P. ca. 550 kcal = 2.300 kJ

Fleisch waschen, trocken tupfen, im erhitzen Fett in der Pfanne rundum anbraten; in den gewässerten RÖMERTOPF® legen, Wein dazu und Brühe darüber gießen; in Streifen geschnittenen Speck, den Kalbsfuß (beim Einkauf einmal durchhacken lassen); sowie das grob geschnittene Gemüse, Kräuter, Salz und Pfeffer dazugeben, Topf schließen. Nach einer Stunde Temperatur auf 160° C senken.

Rinderschmorbraten in Chianti
(Italien)

Hier wird als Flüssigkeit 1/2 l kräftiger Rotwein verwendet, 4 Knoblauchzehen und 2 EL gehackten Stangensellerie dazugeben, mit italienischer Kräutermischung statt -Mischung der Provence würzen und die Soße leicht mit Speisestärke binden.

Pot-au-feu
(Frankreich)

Garzeit ca. 3 Stunden

Weil dieser klassische Fleischtopf in aller Welt unter seinem französischen Namen bekannt ist, sei er auch hier verwendet.

800 g mageres Rindfleisch, wie Tafelspitz,
1 - 2 Kalbsknochen, 2 Möhren,
2 Stangen Lauch, 2 Zwiebeln, 1 weiße Rübe,
2 Stangen Sellerie, einige Pfefferkörner,
3 Gewürznelken, 1 TL Trocken-Kräutermischung der Provence, Salz,
1 Tasse Weißwein, 1 EL Butter.
Nährwert p. P. ca. 500 kcal = 2.092 kJ

Das Fleisch und die Knochen waschen, trocken tupfen, in den gewässerten RÖMERTOPF® geben.
Mit 1/2 l Wasser aufgießen, den Topf schließen. Nach 1 Stunde die Brühe abschäumen. Alle Gemüse vorbereiten, grob zerschneiden und mit der Butter dazugeben. Ebenso das Gemüse untermischen, die Brühe salzen, mit dem erwärmten Wein aufgießen, weiter garen. Das Fleisch mit dem Gemüse umlegen und mit Brot servieren. Evtl. die Brühe vorher als Suppe reichen.

Wiener Rostbraten
(Österreich)

Garzeit rund 1 Stunde
1 Tomate, 1 Bund Suppengemüse,
3 große Zwiebeln,
4 Scheiben Roastbeef (zus. ca. 750 g),
Salz, frisch gemahlener Pfeffer, 1 EL Öl,
1/2 Zitrone, 1/8 l saure Sahne, 1 EL Butter,
Würfelbrühe, edelsüßes Paprikapulver.
Nährwert p. P. ca. 500 kcal = 2.092 kJ

Tomate, Suppengemüse und 1 Zwiebel vorbereiten, zerschneiden und in den gewässerten RÖMERTOPF® legen. Ränder des gewaschenen, trocken getupften Bratens mehrmals einschneiden, Fleisch salzen und pfeffern und im heißen Öl in der Pfanne von beiden Seiten anbraten; auf das Gemüse legen, mit Zitronensaft beträufeln, mit saurer Sahne aufgießen; Topf schließen. Den fertigen Braten aus der Röhre nehmen und im Topf warm halten, während man die geschälten und in Ringe gehobelten Zwiebeln in der Butter kross brät. Soße mit Wasser oder Würfelbrühe lösen, im kleinen Topf auf dem Herd unter Rühren aufkochen, mit Paprika und Salz abschmecken. Den Rostbraten mit Soße und Zwiebelringen servieren.

Dazu passen Salzkartoffeln oder Reis und Salat.

Gourmet-Rostbraten
(Schweiz)

Zwischen die einzelnen Fleischscheiben Kapern, Stücke von Sardellenfilets, Scheibchen von gefüllten Oliven legen, vor dem Schmoren zum kompakten Stück zusammenbinden.

Esterhazy-Braten
(Ungarn)

Rinder-Lendenfleisch verwenden. 60 g durchwachsenen Räucherspeck klein würfeln, in der Pfanne ausbraten und Fleischscheiben darin anbraten. 1/2 Lorbeerblatt mitgaren. Soße mit gepresstem Knoblauch und reichlich Zitronensaft abschmecken.

Stefanie-Braten
(Österreich)

Garzeit ca. 2 Stunden
1 große Scheibe Roulade von ca. 800 g,
Salz, frisch gemahlener Pfeffer,
1 hart gekochtes Ei, 1 Zwiebel,
50 g fetter Räucherspeck,
1 naturreine Zitrone, 200 g saure Sahne,
1 EL Speisestärke, 1 EL Tomatenmark,
3 EL Kapern.
Nährwert p. P. ca. 650 kcal = 2.720 kJ

Gewaschenes, trocken getupftes Fleisch auf der Arbeitsplatte mit dem Handballen so flach wie möglich klopfen, salzen und pfeffern; Ei und Zwiebel schälen, hacken, mit dem gewürfelten Speck darauf verteilen. Fleisch zusammenrollen und mit weißen Baumwollgarn zusammenbinden; in den gewässerten RÖMERTOPF® legen; mit etwas abgeriebener Zitronenschale bestreuen, mit 1 Tasse Wasser aufgießen, 2 Zitronenscheiben dazulegen, Topf schließen. Fleisch beim Garen zwei Mal mit erwärmtem Wasser oder Brühe begießen. Die Soße durchsieben, mit Zitronensaft, saurer Sahne, der mit Wasser angerührten Speisestärke, Tomatenmark, Salz und Pfeffer vollenden.

Die ideale Beilage sind Semmelknödel.

Sauerbraten

Garzeit 2,5 bis 3 Stunden
Fleisch 3 Tage einlegen
750 g Rinder-Bratenfleisch,
1/8 l Weinessig, 1/2 l Buttermilch, Salz,
einige Pfefferkörner, 1 Lorbeerblatt,
etwas Schale von unbehandelter Zitrone,
1 Zwiebel, 1 Knoblauchzehe, 1 EL Streifen
von fettem Speck, 1 Bund Suppengemüse,
2 EL Kuchen- oder Plätzchen-Brösel,
2 Gewürzgurken.
Nährwert p. P. ca. 450 kcal = 1.883 kJ

Das gewaschene, trocken getupfte Fleisch in den gewässerten RÖMERTOPF® legen; aus Essig und Buttermilch sowie den Gewürzen eine kräftige Marinade rühren, darüber gießen; gewürfelte Zwiebel und Knoblauch dazugeben. Im bedeckten Topf ca. 3 Tage ziehen lassen, dabei zwei bis drei Mal wenden. Fleisch mit den Speckstreifen spicken, kleingeschnittenes Suppengemüse dazugeben; 2 Tassen Marinade darüber gießen, Topf schließen. Nach je einer Stunde wieder Marinade angießen, bis sie aufgebraucht ist. In den letzten 15 Minuten – das Fleisch muss schon weich sein – Deckel abnehmen, den Braten bei 220 Grad Kruste bilden lassen.
Die Soße durch Sieb in einen Topf drücken, mit Kuchen-Bröseln binden, in Scheiben geschnittene Gurke untermischen; noch einmal aufkochen und nachwürzen.

TIPP: Dem sehr konservativen Gericht tut das Binden der Soße mit etwas angerührtem Mehl gut!

Zum Sauerbraten passen Kartoffelklöße, Salzkartoffel, Reis oder Teigwaren gleichermaßen.

Variationen dazu:

Schneller Sauerbraten

Essigwasser zum Kochen bringen und damit das Fleisch begießen; ohne vorheriges Einlegen nach Grundrezept garen.

Sauerbraten in Specksoße

Fleisch vor dem Braten nicht spicken, sondern stattdessen den Speck, in Würfel geschnitten, in der Pfanne ausbraten, in die fertige Soße mischen.

Sonntags-Sauerbraten

Nährwert p. P. ca. 600 kcal = 2.511 kJ

Hälfte der Buttermilch durch Rotwein ersetzen, fertige Soße mit 125 g Sahne verfeinern; mit 1 EL gemahlenen Mandeln binden.

Fruchtiger Sauerbraten
(Skandinavien)

100 g eingeweichtes und klein geschnittenes Dörrobst mitgaren, 1 EL Mandelsplitter in die fertige Soße geben.

Rheinischer Sauerbraten

2 EL Rosinen mitgaren, in der letzten Viertelstunde 2 geviertelte Äpfel dazulegen.

Was wir als Gulasch bezeichnen, heißt im Herkunftsland Ungarn Pörkölt. Sie können auch Schweinefleisch verwenden – die Garzeit verkürzt sich dann – oder Rind- und Schweinefleisch mischen.

Pörkölt
(Ungarn)

Garzeit ca. 2 Stunden

600 g Rinder-Gulaschfleisch,
1 EL Räucherspeckwürfel,
1 EL Schweine- oder Butterschmalz,
1 Knoblauchzehe, 400 g Zwiebeln,
400 g mehlig kochende Kartoffeln,
3 Tassen Brühe, viel edelsüßes und wenig scharfes Paprikapulver, Kümmel nach Geschmack, Salz, 1 EL Tomatenmark.

Nährwert p. P. ca. 450 kcal = 1.883 kJ

Das Fleisch waschen, trocken tupfen. Den Speck mit dem Schmalz in der Pfanne ausbraten, das Fleisch darin anbraten. Den Knoblauch und das Tomatenmark dazurühren, alles in den gewässerten RÖMERTOPF® geben. Die Zwiebeln und Kartoffeln schälen, vierteln, dazulegen. Mit der Brühe begießen, würzen, den Topf schließen.

Beilagen: Kartoffeln oder Nudeln.

Variationen dazu:

Puszta-Gulasch
(Ungarn)

250 g Sauerkraut unterheben; besonders kräftig mit Paprika würzen.

Wiener Saft-Gulasch

Mit Majoran und etwas Zitronensaft würzen; Soße mit Sahne verfeinern. Die Kartoffeln werden hier weggelassen, dafür zerkleinertes Suppengemüse mitgaren.

Hirten-Pörkölt
(Ungarn)

Viele vorbereitete, zerkleinerte Paprikaschoten mitgaren.

Beilage: Nudeln.

Pfeffertopf
(Karibik)

Garzeit ca. 2 Stunden

Hier wird das Gulaschfleisch ohne vorheriges Anbraten mit etwas Muskat mit 1/4 l Brühe in den gewässerten RÖMERTOPF® gegeben und mit reichlich frisch gemahlenem Pfeffer und einem Pfeffer-Schötchen geschärft.
1 große Zwiebel, 1 Knoblauchzehe und 300 g Spinat vorbereiten, zusammen garen, dann pürieren. Ebenso wie eine vorbereitete, zerschnittene Paprikaschote und 300 g geschälte, gewürfelte Kartoffeln nach 1 Garstunde dazugeben. Nach weiteren 30 Minuten je 100 g Sahne, Kokosraspeln und essfertige Krabben unterheben. Den fertigen Pfeffertopf mit Tabasco, Salz und evtl. etwas Rum abschmecken.

Rouladen

Garzeit 1,5 bis 2 Stunden
4 große, dünne Rouladen à ca. 200 g,
Salz, frisch gemahlener Pfeffer, 1 EL Öl,
2 EL Delikatess-Senf, 1 EL Kapern,
2 Zwiebeln, 40 g fetter Räucherspeck,
2 EL gehackte Petersilie, 1/8 l Rotwein,
1/8 l Würfelbrühe, 150 g saure Sahne.
Nährwert p. P. ca. 600 kcal = 2.511 kJ

Rouladen mit dem Handballen leicht klopfen, mit Salz und Pfeffer einreiben, auf einer Seite mit Öl bepinseln, dann mit Senf bestreichen; 2 TL Kapern und ca. 1/3 der geschälten, gewürfelten Zwiebeln sowie Speckwürfel darauf verteilen; zusammen rollen und mit Spießen oder weißem Baumwollgarn fixieren. Rouladen im Öl kurz rundum in der Pfanne anbraten, dann nebeneinander in den gewässerten RÖMERTOPF® legen; restliche Zwiebelwürfel einstreuen; alles mit Wein begießen, Topf schließen. Zwischendurch mit Brühe aufgießen. Soße abschmecken, mit saurer Sahne, Kapern und Petersilie verfeinern.

Zu Rouladen passen Salzkartoffeln oder Reis.

Variationen dazu:

Rouladen „Henne Berta“

In jede gewürzte Fleischscheibe 1 kleines hart gekochtes Ei hüllen; auf Speckzugabe wird verzichtet.

Rouladen Amsterdamer Art

Die Rouladen nach dem Grundrezept bereiten, jedoch mit Würfelchen von Schnittkäse (Resteverwertung) füllen.

Feurige Rouladen, ungarisch

Die Rouladen mit Tomatenketchup bestreichen, kräftig mit scharfem Paprikapulver würzen; eingelegte Tomatenpaprika-Streifen in die Soße mischen, diese mit Paprika schärfen.

Rouladen mit Salamifüllung

(Italien)

Garzeit ca. 2 Stunden
4 sehr dünne Scheiben Rouladen-Fleisch à ca. 150 g, 2 Eigelb, 1 Scheibe Weißbrot, 50 g Kalbs-Hackfleisch, 75 g Salami, 1 EL geriebenen Parmesankäse, 2 EL gehackter Staudensellerie, 1 Knoblauchzehe, Salz, frisch gemahlener Pfeffer, 2 EL Olivenöl, 1 Lorbeerblatt, etwas Salbei, 1 kleine Dose geschälte Tomaten, 1/8 l Rotwein.
Nährwert p. P. ca. 500 kcal = 2.092 kJ

Eigelb, eingeweichtes und ausgedrücktes Weißbrot und Kalbshack verkneten. Salami enthäuten, in feine, ca. 1 cm lange Streifen schneiden, mit Käse und der Hälfte des Staudensellerie sowie gepresstem Knoblauch dazumischen, salzen, pfeffern, vorbereitete Fleischscheiben damit bestreichen. Zusammenrollen, mit weißem Baumwollgarn binden oder zusammenstecken.
In der Pfanne im erhitzten Öl rundum anbraten, nebeneinander in den gewässerten RÖMERTOPF® legen; Lorbeerblatt, übrigen Staudensellerie, Salbei sowie geschälte Tomaten dazugeben, Topf schließen.
Zum Schluss Rouladen auf eine vorgewärmte Platte heben, Tomaten-Fond durchs Sieb streichen oder mit dem Handmixstab pürieren, mit Wein verrühren, kurz aufkochen und glatt rühren.

Dazu passen Weißbrot und frischer Salat.

Rindfleisch-Mais-Topf
(Mexiko)

Garzeit ca. 1 Stunde

500 g Rinder-Hackfleisch, 2 EL Rosinen,
2 EL schwarze Oliven ohne Kerne,
2 Zwiebeln, 4 Knoblauchzehen, Salz,
etwas Kreuzkümmel, scharfes Paprikapulver,
2 EL Öl, 1 getrocknetes Pfefferschötchen,
250 g Maiskörner aus der Dose,
1 Paprikaschote, 1 Tasse Brühe.
Nährwert p. P. ca. 400 kcal = 1.674 kJ

Das Hackfleisch mit Rosinen, geviertelten Oliven, Zwiebelwürfeln und gepresstem Knoblauch verkneten; salzen, mit Kreuzkümmel und Paprika schärfen; in den gewässerten RÖMERTOPF® geben; mit Öl beträufeln, das klein geschnittene Pfefferschötchen und die Maiskörner darauf verteilen; Paprika vorbereiten, klein schneiden, ebenfalls darüber geben. Mit der Brühe begießen, Topf schließen.

Mit Fladenbrot schmeckt's noch mexikanischer.

Tafelspitz
(Österreich)

Garzeit ca. 3 Stunden

Damit das volle Aroma des köstlichen Fleisches erhalten bleibt, sollten Sie es vor dem Garen im RÖMERTOPF® kurz in kochendes Wasser geben!

800 g Tafelspitz oder mageres Rindfleisch,
1/2 l Würfelbrühe, 1/2 Lorbeerblatt,
einige Pfefferkörner, 1 Bund Suppengemüse.
Nährwert p. P. ca. 400 kcal = 1.674 kJ

Brühe mit Gewürzen und vorbereitetem Suppengemüse auf dem Herd in einem Topf zum Kochen bringen, Fleisch einlegen. Nach etwa 4 Minuten legt man das Fleisch in den gewässerten RÖMERTOPF®, begießt es mit 2 Tassen der heißen Brühe, schließt den Topf; nach je 1 Stunde wieder heiße Brühe mit dem Gemüse dazugeben.

Zu Tafelspitz servieren Sie Salzkartoffeln, Meerrettichsoße und das mitgegarte Gemüse. Sie können das Fleisch auch in der Brühe servieren, mit frischer Petersilie bestreuen, dunkles Brot dazu reichen.

Tellerfleisch vom Rind

Garzeit ca. 3 Stunden

Hier kommt es auf die Brühe an, Sie dürfen also die vereinfachte Garform wählen!

750 g nicht zu mageres Rindfleisch,
1/2 l Würfelbrühe, 1 Markknochen,
1 Bund Suppengemüse,
1 EL fein gehackte Petersilie.
Nährwert p. P. je nach Fettgehalt
vom Fleisch

Fleisch, Brühe, den Markknochen und das vorbereitete, zerkleinerte Suppengemüse in den gewässerten RÖMERTOPF® geben; Deckel schließen. Gares Fleisch aus der Brühe nehmen, in Scheiben schneiden und auf die Teller verteilen; Brühe durchsieben; darauf gießen, mit Petersilie bestreuen; Knochenmark herausdrücken, würfeln, dazugeben.

Beilage: Herzhaftes dunkles Brot.

Tellerfleisch mit feinem Gemüse

In der letzten halben Stunde Blumenkohl- oder Brokkoli-Röschen, Erbsen, Möhrenscheiben und / oder Spargelstücke mitgaren.

Geschnetzeltes Rindfleisch

Garzeit ca. 1 Stunde

600 g Rouladen-Fleisch,
Salz, frisch gemahlener Pfeffer, 1 Zwiebel,
1 EL Butter, 1 Tasse Würfelbrühe,
1 Tasse Rotwein, 1 TL Senf,
1 EL Zitronensaft, 300 g frische oder
ca. 250 g Dosen-Champignons,
50 g saure Sahne,
1 EL fein gehackte Petersilie.

Nährwert p. P. ca. 400 kcal = 1.674 kJ

Fleisch in feine Streifchen schneiden, salzen und pfeffern. Die Zwiebel enthäuten, würfeln, mit dem Fleisch in der Pfanne kurz anbraten; in den gewässerten RÖMERTOPF® geben. Brühe mit Wein, Senf, Zitronensaft, Salz und Pfeffer verrühren, darüber gießen; Topf verschließen. Nach rund 30 Minuten die vorbereiteten Pilze unterheben. Das Geschnetzelte mit Salz und Pfeffer abschmecken, mit der sauren Sahne leicht binden, mit Petersilie verfeinern.

Zu Geschnetzeltem schmecken Salzkartoffeln und Blumenkohl.

Variationen dazu:

Pikantes Geschnetzeltes

Klein geschnittene Gewürzgurke und eingelegte Pfefferkörner unter das fertige Gericht heben. Soße mit Flüssigkeit aus der Gurkenkonserve abschmecken.

Sonntags-Geschnetzeltes

Statt Rouladen-Fleisch 500 g Rinderlende verwenden. Die Hälfte des Rotweins durch Sahne ersetzen.
Wenn keine Kinder mitessen, fertiges Gericht mit Weinbrand abschmecken.

Rindergeschnetzeltes mit Zwiebeln

(Italien)

Garzeit rund 2,5 Stunden

500 g Jungrind-Bratenfleisch,
5 Knoblauchzehen, 50 g durchwachsener
Räucherspeck, 1 Möhre, 1 Stange Sellerie,
500 g kleine Zwiebeln, 4 EL Olivenöl,
1 EL gehackte Petersilie,
1 Döschen Tomatenmark, Suppengewürz,
1 Tasse kräftiger roter Landwein, Salz,
Pfeffer, 2 TL Zucker.

Nährwert p. P. ca. 550 kcal = 2.300 kJ

Fleisch waschen, trocken tupfen, in Scheibchen oder Würfel schneiden; Knoblauch schälen, ebenso wie den Speck in Streifen schneiden und das Fleisch damit spicken. Möhre und Sellerie vorbereiten, Zwiebelchen nur enthäuten. Öl in der Pfanne erhitzen und erst das Fleisch, dann das Gemüse darin anbraten. Den RÖMERTOPF® wässern, Fleisch und Gemüse hineingeben, mit Petersilie bestreuen; den mit Tomatenmark und etwas Suppenwürze verrührten, gesalzenen und gepfefferten Wein dazugießen, Topf schließen. Beim Garen nach Bedarf erwärmte Flüssigkeit zugießen.
Geschnetzeltes abschließend mit Zucker bestreut noch 10 Minuten ohne Deckel im Backofen lassen.

Knackiges Weißbrot ist die richtige Beilage.

Rindergeschnetzeltes

(Korsika)

Statt Zwiebeln je 400 g geschälte Tomaten und 400 g zerkleinerte Paprikaschoten zugeben; Fleisch mit Thymian, Basilikum und zerdrückten Wacholderbeeren würzen.

Rinderragout in Joghurt

(Türkei)

Garzeit ca. 2,5 Stunden

500 g Rinder-Gulaschfleisch, 1/4 l Instant-Brühe, 2 EL Öl, 3 Zwiebeln, 4 Knoblauchzehen, 1 Msp Zimtpulver, 4 Eier, 1/2 l Joghurt, frisch gemahlener Pfeffer, Salz.

Nährwert p. P. ca. 450 kcal = 1.883 kJ

Fleisch waschen, in den gewässerten RÖMERTOPF® geben, mit Brühe begießen, Topf schließen. Zwiebeln schälen und in dicke Ringe schneiden.
Nach etwa 2 Stunden das Fleisch abtropfen, im Öl zusammen mit Zwiebeln und Knoblauchzehen unter Bewegung scharf anbraten; Brühe anderweitig verwenden, das Fleisch in den Topf zurück geben und mit Zimt pudern. Eier und Joghurt verquirlen, mit viel Pfeffer und wenig Salz würzen, darüber gießen; im offenen Topf noch 30 Minuten garen.

In der Türkei isst man Fladenbrot und Salat dazu.

Ochsenschwanzragout

(Frankreich)

Garzeit ca. 3,5 Stunden

1.200 g Ochsenschwanz, mehrmals durchgehackt, 4 EL Weinessig, 1/4 l Rotwein, Salz, frisch gemahlener Pfeffer, 1 Lorbeerblatt, 1/2 TL Thymian, 2 Gewürznelken, 1 Prise Zucker, 1 Zwiebel, 1 Knoblauchzehe, 1/2 unbehandelte Zitrone, 50 g fetter Speck, 1 EL Mehl, 1 Bund Suppengemüse, 1/4 l Würfelbrühe.

Nährwert p. P. ca. 450 kcal = 1.883 kJ

Fleisch gut waschen und über Nacht in eine Marinade aus Essig, Wein und den Gewürzen sowie der geschälten, gehackten Zwiebel und Knoblauchzehe legen. Am nächsten Tag in den gewässerten RÖMERTOPF® füllen; Zitrone heiß abwaschen, in Scheiben schneiden, dazulegen. Speck würfeln, in der Pfanne ausbraten, das Mehl darin anschwitzen, zur Marinade mischen.
Die in Scheiben geschnittene Zitrone und das vorbereitete, zerkleinerte Suppengemüse dazugeben, mit der Brühe aufgießen. Zum Schluss Zitronenschale herausnehmen, die Soße durchrühren und abschmecken.

Gut schmecken in Butter geschwenkte Nudeln zum Ragout.

Variation dazu:

Ochsenschwanz, italienisch

Statt Gewürzkörner und Nelken einige Rosmarinnadeln mitgaren, mit Tomatenmark und Kapern verfeinern.

Rinderzunge, geschmort

(Frankreich)

Garzeit ca. 3 Stunden

1 kleine Rinderzunge, 1 TL Trockenkräutermischung der Provence, Salz, 250 g Möhren, 250 g kleine Zwiebeln, 1 EL Würfel von fettem Speck, 1/4 l trockener Weißwein, 1 EL Mehl, frisch gemahlener Pfeffer, 2 EL gehackte Petersilie, 1 EL Weinbrand, 1 EL Butter.

Nährwert p. P. ca. 400 kcal = 1.674 kJ

Zunge gut waschen, in den gewässerten RÖMERTOPF® legen; mit den Kräutern und 1/2 l leicht gesalzenem Wasser bedecken, Topf schließen. Nach 1 1/2 Stunden Zunge aus dem Sud nehmen, unter kaltes Wasser halten und enthäuten. Das Fleisch in Scheiben schneiden. Den Sud durchsieben, nur noch 1/4 l davon in den Topf zurückgießen. Die Möhren schrappen, längs halbieren und in 2 cm lange Stücke schneiden.
Zwiebeln enthäuten und mit den Speckwürfeln in die Brühe geben, ebenso das in etwas Wein angerührte Mehl, pfeffern. Die Zunge gar schmoren; die Soße mit Petersilie, Weinbrand und Butterflöckchen verfeinern, nachschmecken.

Als Beilage passt Reis.

ZART UND LEICHT: KALB FÜR DEN VERWÖHNTEN GAUMEN

Kalbfleisch ist eine Delikatesse. Es zu genießen bedeutet ganz besonders leichten Fleischgenuss.
Unser Tipp: Geben Sie dem praktisch fettlosen Fleisch beim Schmoren stets eine Tasse Flüssigkeit hinzu, so entwickelt der Braten einen wunderbaren und unvergleichlichen Geschmack.
Für den verwöhnten Gaumen haben wir auf den folgenden Seiten herrliche Kalbfleischrezepte im RÖMERTOPF®.

Kalbsbraten

Garzeit ca. 2,5 Stunden

700 g Kalbfleisch ohne Knochen vom Schlegel,
Salz, Pfeffer,
1 EL Butterschmalz, 1/4 l Würfelbrühe,
1 Zwiebel, 1 Möhre,
2 EL getrocknete Pilze oder
100 g frische Champignons,
1/4 l saure Sahne,
1 EL fein gehackte Petersilie.

Nährwert p. P. ca. 500 kcal = 2.093 kJ

Fleisch waschen, trocken tupfen, rundum mit Salz und Pfeffer einreiben; Butterschmalz in Flöckchen in den gewässerten RÖMERTOPF® geben; das Fleisch einlegen. Brühe dazugießen, Zwiebel, Möhre und Pilze zerkleinern, dazustreuen; Topf schließen. Beim Garen immer wieder mit Fleischsaft und evtl. noch zusätzlicher Flüssigkeit begießen; nach Geschmack in den letzten 10 Minuten im offenen Topf überkrusten. Den Bratensaft lösen, im kleinen Topf mit saurer Sahne aufkochen, nachwürzen. Mit der Petersilie bestreuen.

Zu Kalbsbraten passen Reis oder Salzkartoffeln und feines Gemüse.

Kalbsnierenbraten

Wie Kalbsbraten bereiten.

Kalbsbraten mit Kruste

p. P. ca. 80 kcal = 334 kJ
mehr rechnen als beim Grundrezept.

1 Ei mit 50 g Semmelbröseln vermischen, soviel Sahne zugeben, dass eine streichbare Masse entsteht; pfeffern, das Fleisch damit vor dem Überkrusten bedecken.

Kalbsbraten Pfarrhaus-Art

(Frankreich)

Garzeit ca. 3 Stunden; Pilze vorbereiten!

800 g Kalbfleisch vom Schlegel,
100 g fetter Räucherspeck in Scheiben,
50 g getrocknete Morcheln,
1/8 l Weißwein,
Salz, frisch gemahlener Pfeffer,
1 Bund Suppengemüse,
50 g Butter, 1 EL Mehl, 1/8 l Sahne,
1 Eigelb, 2 EL gehackte Petersilie,
1 TL Estragon.

Nährwert p. P. ca. 600 kcal = 2.510 kJ;
rechnen Sie pro 50 g Speck
ca. 400 kcal = 1.674 kJ mehr.

Die Pilze waschen, einige Stunden in Wein legen. Gewaschenes Fleisch rundum mit Salz und Pfeffer einreiben; mit Streifen von Speck spicken oder mit Speckscheiben einhüllen, mit weißem Baumwollgarn festbinden; in den gewässerten RÖMERTOPF® legen; Morcheln mit Wein dazugeben, ebenso das zerkleinerte Suppengemüse. Mit 1/4 L Wasser aufgießen und Topf schließen. Gargut zwei Mal mit der Soße beschöpfen bzw. erwärmtes Wasser oder Wein angießen. Den Braten aus dem Speck lösen, warm stellen.
Bratfond durchs Sieb streichen, mit Butterflöckchen, in etwas Sahne angerührtem Mehl, Sahne und Eigelb binden. Mit Salz und Pfeffer abschmecken, Petersilie und Estragon unterheben.

Reichen Sie dazu Kartoffelkroketten und Salat.

Kalbsbraten im Speckmantel

(Ungarn)

Es wird mit viel Paprika geschärft.

Kalbsbraten in bunter Soße

Das Patentrezept, wenn plötzlich ein Esser mehr auftaucht!
Nährwerterhöhung je nach verwendeter Würstchen-Menge.
Gut abgewaschene Scheiben von naturreiner Zitrone und 1 Lorbeerblatt mit garen. Die Soße mit Scheiben von Gewürzgurken und Würstchen vermischen.

Kalbfleisch mit Pilzen
(Frankreich)

Garzeit ca. 2 Stunden
Steinpilze vorweichen
600 g Kalbsschulter,
edelsüßes Paprikapulver, 1 EL Mehl,
300 g Zwiebeln, 250 g beliebige frische Pilze,
1 Pä getrocknete Steinpilze,
1 Tasse trockener Weißwein,
1 Tasse kräftige Würfelbrühe,
Salz, frisch gemahlener Pfeffer,
einige Rosmarinnadeln, 2 EL Butter,
4 El Sahne, 3 EL gehackte Petersilie.
Nährwert p. P. ca. 350 kcal = 1.465 kJ

Gewaschenes Fleisch in große Würfel schneiden, in mit Paprika vermischtem Mehl wenden und in den gewässerten RÖMERTOPF® legen; Zwiebeln schälen und hacken, Pilze vierteln, dazugeben. Die Steinpilze sollten vorgeweicht sein und werden mit dem Einweichwasser verwendet; sonst: mit der Schere sehr klein schneiden. Mit Wein und Brühe beträufeln, salzen, mit Pfeffer bemahlen, Rosmarin dazugeben. Zwischendurch nach Bedarf Brühe angießen. Die Soße mit Butterflöckchen und Sahne verfeinern, mit Salz und Pfeffer abschmecken, mit der Petersilie mischen.

Dazu passen Butternudeln oder knuspriges Weißbrot.

Kalbsfrikandeau
(Frankreich)

Garzeit ca. 2 Stunden
500 g Kalbfleisch vom Schlegel,
Salz, frisch gemahlener Pfeffer,
1 EL Zitronensaft,
50 g durchwachsener Räucherspeck,
1 große Zwiebel,
1 Tasse geschälte Tomaten aus der Konserve,
1 Bund Suppengemüse, 2 Gewürznelken,
einige Pfefferkörner, 150 g Champignons,
1/8 l Weißwein, 1/8 l saure Sahne.
Nährwert p. P. ca. 400 kcal = 1.674 kJ

Vorbereitetes Fleisch würfeln, salzen, pfeffern und mit Zitronensaft beträufeln. Den gewässerten RÖMERTOPF® mit dünnen Speckscheiben auslegen, das Fleisch darauf verteilen; gehackte Zwiebeln, Tomaten und zerkleinertes Suppengemüse sowie Gewürznelken und Pfefferkörner darüber streuen; mit 1/2 Tasse Wasser begießen, Topf schließen. Nach 1 Stunde die Soße vorsichtig durch ein Sieb gießen, das Gemüse passieren; wieder in den RÖMERTOPF® geben, mit dem Fleisch, den vorbereiteten Pilzen und dem Wein fertig garen. Das Gericht mit saurer Sahne verfeinern, nachschmecken.

Dazu schmecken Reis und feine Erbsen, Spargel oder Blumenkohl. Besonders gut ergänzen gebratene Kastanien dieses Gericht.

Kalbshaxe
(Süddeutschland, Österreich)

Garzeit ca. 2,5 Stunden
1 Kalbshaxe,
Salz, frisch gemahlener Pfeffer, 1 EL Butter,
1 Tasse Weißwein, 1/8 l saure Sahne,
edelsüßes Paprikapulver,
etwas geriebene Muskatnuss,
etwas Bratensoßenpulver zum Rahmbraten,
1 EL beliebige fein gehackte Kräuter.
Nährwert p. P. ca. 300 kcal = 1.255 kJ

Das Fleisch waschen, trocken tupfen, rundum mit Salz und Pfeffer sowie mit Butter einreiben, in den gewässerten RÖMERTOPF® legen; Wein zugießen, den Topf schließen. Alle halbe Stunde das Fleisch mit Bratenfond beträufeln, bei Bedarf heißes Wasser zugießen. Die Haxe abschließend auf eine Platte legen, noch 10 Minuten bei 250 Grad überkrusten. Indessen die Soße loskochen, mit saurer Sahne, Salz, Pfeffer, Paprika, Muskat und Bratensoßenpulver aufkochen, zuletzt die Kräuter untermischen.

Kartoffel- oder Semmelknödel sind die deftige Beilage.

Kalbshaxe paniert
(Belgien)

Vor dem Überbacken zuerst in verquirltem Ei, dann in Semmelbröseln wenden. Rund 15 Minuten überbacken bis eine goldbraune Kruste entstanden ist.

Kalbshaxe
(Schweiz)

200 g kleine Zwiebeln und je 100 g (evtl. gedünstete) Zwetschgen und Tomatenwürfel mitgaren.

Kalbshaxe im Speckmantel mit Pfifferlingen
(Böhmen)

Nährwert p. P. pro 50 g Speck
ca. 400 kcal = 1.674 kJ

Haxe nach 2 Stunden Garzeit in Speckscheiben hüllen, dann rund 20 Minuten überkrusten und die Haxe während dessen wenden. 15 Minuten vor Garzeitende 250 g vorbereitete Pfifferlinge in die Soße mischen. Haxe aus dem RÖMERTOPF® nehmen, vom Knochen lösen und in Scheiben geschnitten servieren.

Beilage: Semmelknödel und Salat.

Geschmorte Kalbshaxe (Osso buco)
(Italien)

Garzeit knapp 2 Stunden
4 Scheiben Kalbshaxe von je ca. 200 g mit Knochenmark,
Salz, frisch gemahlener Pfeffer, etwas Mehl,
4 EL Olivenöl, 1 Zwiebel, 1/2 Stange Sellerie,
1 Möhre, 1 Lorbeerblatt, 1/4 l Weißwein,
1 kleine Dose geschälte Tomaten,
1/2 naturreine Zitrone,
3 EL gehackte Petersilie.
Nährwert p. P. ca. 500 kcal = 2.092 kJ

Das lt. Grundrezept vorbereitete Fleisch in der Pfanne in Öl von beiden Seiten anbräunen, dann in den gewässerten RÖMERTOPF® legen. Im heißen Fett das zerkleinerte Gemüse kurz anbraten, dazugeben; mit Wein aufgießen, Lorbeerblatt und Tomaten beilegen, den Topf schließen. Beim Garen unbedingt etwas erwärmtes Wasser dazugießen! Den Fond mit abgeriebener Zitronenschale, Zitronensaft, Petersilie, Salz und Pfeffer verfeinern.

Beilage: Knuspriges Weißbrot.

Gefüllte Kalbsbrust

Garzeit ca. 2 Stunden
500 g Brustspitz vom Kalb,
125 g Bratwurst-Mett,
125 g Rinder-Hackfleisch, 1 Brötchen,
1 Zwiebel, 1 Bund Schnittlauch, 1 Ei, Salz,
frisch gemahlener Pfeffer, 1 EL Butter,
1/8 l kräftige Würfelbrühe, 1 Tomate,
2 EL Zitronensaft, 1/8 l saure Sahne.
Nährwert p. P. ca. 450 kcal = 1.883 kJ

Das Fleisch waschen, trocken tupfen, eine Tasche einschneiden (noch besser: gleich beim Einkauf einschneiden lassen). Die Zwiebeln pellen, fein hacken. Den Schnittlauch unter fließendem kaltem Wasser abbrausen, trocken schwenken und in Röllchen schneiden. Das Brötchen einweichen, ausdrücken, mit dem Hack, Zwiebelwürfeln, Ei, Schnittlauch, Salz und Pfeffer zur pikanten Farce verkneten; in die Tasche füllen, zunähen oder zustecken.
Fleisch in den lt. Vorwort gewässerten RÖMERTOPF® legen, mit Butterflöckchen bestreuen; mit Brühe begießen; die vom Stielansatz befreite, geviertelte Tomate dazulegen. Den Topf schließen. Den Fleischsaft mit Zitronensaft, saurer Sahne, Salz und Pfeffer abschmecken, mit Petersilie vermischen.

Beilage: Teigwaren und Salat
oder feines Gemüse.

Kalbsbrust Worchestershire-Art
(England)

In den letzten 30 Garminuten 200 g kleine, vorbereitete Champignons mitgaren, die Soße mit Worchestershiresoße abschmecken.

Ideal sind zu dieser aparten Version frisch gebackene Blätterteigteilchen.

Kalbsbrust mit pikanter Gemüsefüllung
(Ungarn)

Statt mit Hackfleisch wird die Kalbsbrust mit vorbereiteten, klein geschnittenen Paprikaschoten und Würfelchen von enthäuteten Tomaten gefüllt.

Sie sparen p. P. ca. 125 kcal = 523 kJ.

Gefüllte Kalbsbrust, norddeutsche Art

Einen säuerlichen Apfel schälen, schnitzeln und in die Fleischfarce mischen. Die Soße mit Rosinen, etwas abgeriebener Schale von naturreiner Zitrone und einer Prise Zucker abändern.

Gefüllte Kalbsbrust
(Italien)

Wie Grundrezept Kalbsbrust gefüllt bereiten, jedoch für die Füllung
100 g Spinat, 100 g Erbsen,
50 g geriebenen Parmesankäse, 1 Ei,
etwas Thymian, Salz und 1 gepresste Knoblauchzehe verwenden.

Kalbskoteletts „Haushälterin-Art"

(Süddeutschland, Österreich)

Garzeit ca. 1 Stunde
4 Kalbskoteletts,
Salz, frisch gemahlener Pfeffer,
3 EL Butter, 300 g Zwiebeln,
300 g Möhren, 450 g Kartoffeln,
1/4 l Weißwein,
1 EL gehackte beliebige Kräuter.
Nährwert p. P. ca. 450 kcal = 1.883 kJ

Vorbereitetes Fleisch salzen, mit Pfeffer bepudern und in der Pfanne in 1 EL Butter anbraten.
Zwiebeln pellen, in Ringe zerteilen, Möhren schrappen, in dicke Scheiben schneiden. Geschälte Kartoffeln vierteln. Alles in Schichten in den gewässerten RÖMERTOPF® geben, dazwischen jeweils salzen und pfeffern. Mit Wein aufgießen, die übrige Butter darauf verteilen, mit Kräutern bestreuen. Topfdeckel auflegen.

Kalbskoteletts in Sahnesoße

(Schweiz)

Der Nährwert erhöht sich p. P.
um ca. 200 kcal = 835 kJ.

Angebratene Kalbskotelettchen mit 1/4 l Sahne in den RÖMERTOPF® geben. 1 naturreine Zitrone heiß abwaschen, in Scheiben schneiden, dazulegen. Salzen, pfeffern, mit 1 EL Mehl bestäuben. Mit Petersilie bestreuen und mit Tomaten-Vierteln garniert servieren.

Dazu schmecken sehr mehlige Salzkartoffeln oder Reis.

Bayerisches „eingemachtes" Kalbfleisch

(Süddeutschland, Tschechien)

Garzeit ca. 2 Stunden
750 g Kalbsgulasch,
1 Zwiebel, 1 Bund Suppengemüse,
2 EL Butter, 1 Zitrone, Salz, Pfeffer,
1 EL Mehl, 500 g Spargel,
1 Tasse Würfelbrühe.
Nährwert p. P. ca. 350 kcal = 1.465 kJ

Vorbereitetes Fleisch würfeln; Zwiebeln und Suppengemüse (ohne Sellerie und Petersiliengrün) vorbereiten, zerkleinern; zusammen mit etwas abgeriebener Zitronenschale in heißer Butter anschmoren, das Fleisch unter Bewegen etwas Farbe nehmen lassen; alles in den gewässerten RÖMERTOPF® geben; salzen, pfeffern, mit Mehl bestäuben. Den Topf schließen. Inzwischen den Spargel kochen, in 3 cm lange Stücke schneiden, dazugeben und kurz mitziehen lassen. Mit der Brühe aufgießen, abschmecken.

Nudeln, mit in Butter gerösteten Semmelbröseln, schmecken dazu.

Kalbsrouladen

Garzeit ca. 1 1/2 Stunden
4 große Kalbsschnitzel,
4 Sardellenfilets, 1 EL Kapern,
2 EL gehackte Petersilie, 2 Zwiebeln,
50 g durchwachsener Räucherspeck,
1/8 l Instant-Kalbsbrühe, 1 EL Tomatenmark,
1 EL Butter, Salz, Zitronensaft,
evtl. etwas Speisestärke,
1/2 Tasse trockener Weißwein,
etwas geriebene Muskatnuss,
1 EL Schnittlauchröllchen oder Kresse.
Nährwert p. P. ca. 350 kcal = 1.465 kJ

Fleisch mit dem Handballen sehr flach klopfen, von beiden Seiten salzen und pfeffern; auf einer Seite mit gehackten Sardellenfilets, Kapern, Petersilie, Zwiebel- und Speckwürfeln belegen, vorsichtig zusammenrollen und mit weißem Baumwollgarn binden oder mit Spießchen zusammenstecken; nebeneinander in den gewässerten RÖMERTOPF® legen. Die Brühe mit Tomatenmark verrühren, dazugießen. Das Fleisch mit Butterflöckchen besetzen; den Topf schließen.
Die Soße mit Salz und Zitronensaft abschmecken, mit in Wein angerührter Speisestärke leicht binden, mit Muskat und Kräutern verfeinern.

Variationen dazu:

Laubfröschchen
(Schweiz)

Vorbereitete Fleischscheiben mit Blattspinat und je Roulade mit einem hart gekochten Ei belegen, zusammenrollen. Soße mit Salbei abschmecken.

Kalbsrouladen mit Hack-Käse-Füllung
(Holland)

100 g Tatar mit 100 g geriebenem Gouda, 1 Eidotter, Salz, Pfeffer, beliebigen gehackten Kräutern und klein geschnittener Pfeffergurke mischen; in die Rouladen füllen. Soße mit Sahne binden.

Kalbsröllchen in Sherry
(Spanien)

Eine grüne Paprikaschote sehr klein schneiden, ein hart gekochtes Ei und mageren Kochschinken hacken; die Kalbfleischscheiben damit füllen. Mit 1 Tasse trockenem Sherry und in Brühe verrührtem Tomatenmark angießen.

Kalbsröllchen
(Italien)

Hier werden die Kalbfleischscheiben mit Sardellenpaste bestrichen und mit vielen gemischten, gehackten Kräutern bestreut. Nur 1 Bund Suppengemüse und etwas Staudensellerie zugeben.

Kalbsröllchen
(Algerien)

1 rote Paprikaschote vorbereiten, klein schneiden; in 2 EL Öl anbraten; mit 2 EL geriebenen Pistazienkernen und 2 EL Rosinen mischen, in die Fleischscheiben füllen. Auf einem Bett von Tomatenvierteln garen.

Kalbfleisch in Thunfischsoße
(Italien)

Garzeit ca. 2 Stunden
800 g Kalbsbraten
1/4 l Brühe, 1/4 l Weißwein,
2 Knoblauchzehen, 2 TL Sardellenpaste,
1 Zwiebel, 1 Stange Sellerie,
1 Lorbeerblatt, 1 TL Pfefferkörner,
1 kl. Dose Thunfisch in Öl, 2 EL Olivenöl,
1/2 Zitrone, 1 Tasse Kalbsbrühe, 1 Eigelb.

Fleisch waschen und in den lt. Vorwort gewässerten RÖMERTOPF® legen. Mit der Brühe und dem Wein begießen. Die Knoblauchzehen schälen, pressen. Ebenso wie die Sardellenpaste dazugeben. Zwiebeln und Sellerie vorbereiten, zerkleinern. Mit dem Lorbeerblatt und den Pfefferkörnern in die Flüssigkeit mischen. Den Topf schließen. Nach 30 Minuten die Hitze auf 180 °C reduzieren. Wenn das Fleisch weich ist, in der Brühe erkalten lassen, die Brühe durchsieben. Für die Soße den Thunfisch (Menge nach Belieben) zerpflücken, dann mit dem Handmixstab, mit dem Öl und Zitronensaft sowie 1 Tasse der Kalbsbrühe glatt rühren. Sehr gut pfeffern, evtl. noch mit Salz abschmecken. Zuletzt das Eigelb einrühren, gehackte Petersilie und Kapern untermischen. Zu dem kalt aufgeschnittenen Kalbfleisch reichen.

TIPP: Das Fleisch am besten mit Soße überzogen einige Stunden im Kühlschrank durchziehen lassen.

Beilage: Knuspriges Weißbrot, Tomatenspalten, Zitronenachtel und Oliven.

Kutteln, das Kalbsgekröse, werden in den Mittelmeer-Küchen gerne verwendet. Fertig gesäubert und gekocht werden sie auch in Mitteleuropa immer mehr angeboten.

Kutteln, Hausfrauenart
(Frankreich)

Garzeit ca. 1 Stunde bei 180 °C
800 g vorgekochte Kutteln in Streifen oder Würfel geschnitten,
1 EL Butter, 1 EL Mehl, 1 gehackte Zwiebel,
1/4 l Weißwein, 1/4 l kräftige Würfelbrühe,
Salz, Pfeffer,
2 EL gemischte gehackte Kräuter, evtl. TK,
1 Prise Trockenkräuter-Mischung der Provence.
Nährwert p. P. ca. 300 kcal = 1.255 kJ

Zutaten in den gewässerten RÖMERTOPF® geben, Deckel schließen.

Servieren Sie mit Salzkartoffeln oder knusprigem Weißbrot.

Kutteln, Florentiner Art
(Italien)

800 g vorgekochte Kutteln, in Streifen geschnitten, 2 Zwiebeln, 2 Möhren, 1 Stange Sellerie, jeweils vorbereitet, 1/2 Dose geschälte Tomaten, Salz, frisch gemahlener Pfeffer, etwas abgeriebene Schale von naturreiner Zitrone, 1 Tasse trockener Weißwein, 1/2 Knoblauchzehe.

Nährwert und Zubereitung wie vorangehendes Rezept.

DAS FLEISCH FÜR KENNER: LAMM, WIE ES JEDEM SCHMECKT

Lamm ist etwas für Kenner – davon gibt es immer mehr! Wir freuen uns darüber, Vorschläge für die Zubereitung dieses sehr zarten Fleisches machen zu dürfen. Lammfleisch ist extrem fettarm und durch sein eigenes, spezielles Aroma sehr beliebt.

Wer Lammfleisch noch milder möchte, wickelt es rund 2 Tage in ein mit Essig angefeuchtetes Tuch oder legt es in Buttermilch.
Immer richtig zum Würzen von Lamm ist ein Hauch von Pfefferminze. Knoblauch tut ihm ebenfalls gut.

Lammkeule, geschmort

(Süddeutschland, Österreich, Schweiz)

Garzeit ca. 2,5 Stunden

1 kleine Lammkeule von 1.000-1.200 g,

1 Zitrone, Salz, frisch gemahlener Pfeffer,

1 EL Öl, 2 Zwiebeln, 1 Möhre, 2 Tomaten,

2 Knoblauchzehen,

etwas Pfefferminze, frisch oder getrocknet,

1 Tasse Brühe, 1 Tasse Rotwein oder Bier,

1 EL Preiselbeerkompott,

1 EL fein gehackte Petersilie,

50 g saure Sahne.

Nährwert p. P. ca. 550 kcal = 2.300 kJ

Alles sichtbare Fett sowie noch anhaftende Haut abschneiden. Das Fleisch nun waschen, trocknen und rundum mit Zitronensaft, Salz sowie Pfeffer einreiben; eine Stunde Aroma ziehen lassen. In der Pfanne von allen Seiten anbraten, in den gewässerten RÖMERTOPF® legen. Gemüse vorbereiten, klein schneiden und dazugeben. Alles mit Pfefferminze bestreuen, mit Brühe aufgießen und den Topf schließen. Nach je 30 Minuten mit wenig erwärmtem Wein oder Bier begießen. Die Soße zusätzlich entfetten; das funktioniert gut durch vorsichtiges Auftupfen mit sehr saugfähigem Papier, wie einem Kaffeefilter; in einem Töpfchen auf dem Herd evtl. noch mit Brühe verlängern; mit Preiselbeerkompott raffiniert würzen. Die Soße mit Petersilie und saurer Sahne vermischen, mit Salz und Pfeffer abschmecken.

Dazu passen Klöße aus gekochten Kartoffeln und Salat.

Lammkeule Cumberland

(England)

Die fertige Soße mit fein abgeriebener Schale einer unbehandelten Orange, 4 EL Portwein, 4 EL Johannisbeer-Gelee, etwas Cumberland Soße, 1 EL Senf und Zitronensaft abschmecken.

Lammkeule

(Frankreich)

Wie im nebenstehenden Grundrezept geschmorte Lammkeule aber: auf jeden Fall mit Wein bereiten, mit Kräutern der Provence würzen. 1 Bund zerkleinertes Suppengemüse und die zerpflückte Krume von 1/2 Brötchen als Bindung mit schmoren. Calvados (französischer Apfelschnaps) gibt der Keule die Rasse!

Lammkeule, Wildbret-Art

(Frankreich)

Das Fleisch 2 Tage in einer Marinade aus Rotwein und Weinessig, Salz, Pfefferkörnern, 5 Wacholderbeeren, 1 Gewürznelke, 1 Lorbeerblatt, einer grob geschnittenen Zwiebel und etwas Schale von naturreiner Zitrone ziehen lassen. In die fertige Soße gut ausgebratene Würfelchen durchwachsenen Räucherspeck mischen.

Lammkeule, flambiert

(Frankreich)

Die fertige, aus der Soße genommene Lammkeule mit Hochprozentigem begießen; entzünden. Am wirkungsvollsten ist das bei Tisch!

Lammbrust in Dillsoße
(Skandinavien)

Garzeit ca. 2 Stunden
1.000 g Lammbrust,
Salz, 1/2 TL Pfefferkörner, 1 Bund Dill,
1/2 Bund Petersilie, 1/4 l Brühe,
1 EL Zitronensaft, 2 TL Zucker, etwas Essig,
150 g saure Sahne, 2 TL Mehl.
Nährwert p. P. ca. 400 kcal = 1.674 kJ

Das Fleisch waschen, trocknen und salzen, in den gewässerten RÖMERTOPF® geben. In einem Tee-Ei die Pfefferkörner dazugeben; die Hälfte vom Dill und die Petersilie in ganzen Stengeln einlegen, alles mit Brühe begießen und den Topf schließen. Am Ende der Garzeit Kräuter und Pfefferkörner herausnehmen. Die Soße mit Zitronensaft, Zucker, Essig und saurer Sahne abschmecken; leicht mit in etwas Wasser angerührtem Mehl binden; restlichen Dill fein hacken und untermischen.

Gewürz-Lamm
(Indien)

Garzeit ca. 1,5 Stunden
Fleisch 2 Tage einlegen
600 g Lammfleisch,
1 Knoblauchzehe, 1/2 TL Ingwerpulver,
je 1 Prise Kreuzkümmel,
Cayennepfeffer und Currypulver, Salz,
1 EL Öl, 2 EL Zitronensaft, 50 g Rosinen,
50 g Nüsse, 2 EL braunen Zucker,
200 g saure Sahne, 1 TL Safran,
1 EL Speisestärke.
Nährwert p. P. ca. 600 kcal = 2.511 kJ

Das Fleisch sehr gut vorbereiten, in nicht zu kleine Stücke schneiden. Knoblauch pressen, mit Gewürzen, etwas Salz und dem Öl verrühren, Zitronensaft und 2 EL Wasser dazumischen; über dem Fleisch verteilen und 2 Tage marinieren. Nun in den gewässerten RÖMERTOPF® geben. Nach einer Stunde alle Zutaten außer Safran und Speisestärke beigeben. Zuletzt den in heißem Wasser aufgelösten Safran und die angerührte Speisestärke unterrühren, noch einige Minuten garen lassen.

Dazu passt gedünstetes zartes Gemüse wie Blumenkohl oder Brokkoli.

Lammkoteletts aus dem Ofen
(Frankreich)

Garzeit ca. 1 1/4 Stunden
250 g Zwiebeln, 250 g Kartoffeln, Salz,
frisch gemahlener Pfeffer,
etwas geriebene Muskatnuss,
8 kleine Lammkoteletts, 80 g Butter,
je 1/8 l Brühe und Weißwein.
Nährwert p. P. ca. 500 kcal = 2.092 kJ

Zwiebeln und Kartoffeln schälen, in Scheiben schneiden, Koteletts waschen, trocknen, mit Salz und Pfeffer einreiben. In der Hälfte der Butter in der Pfanne von beiden Seiten anbraten. In den gewässerten RÖMERTOPF® zuerst eine Lage Kartoffeln geben, mit Salz, Pfeffer und Muskat würzen, die Hälfte der Zwiebeln und darauf die Koteletts legen. Restliche Zwiebelringe und Kartoffeln aufschichten, wie erwähnt würzen. Die übrige Butter in Flöckchen darauf verteilen. Mit Brühe und Wein angießen und den Topf schließen.

Reichen Sie frischen Salat dazu.

Lammkoteletts aus dem Ofen mit Kruste
(Frankreich)

Nach obigem Rezept vorgehen. Zuletzt 3 EL geriebenen Käse, mit 1 EL gehackten Kräutern und 1 EL Sahne vermischt und gut gepfeffert, auf der Oberfläche verteilen, noch 10 Minuten im offenen Topf überbacken.

Lammrücken mit Pilzen
(Böhmen, Polen)

Garzeit ca. 1,5 Stunden
1.200 g Lammrücken,
1 TL getrockneter Thymian,
1 Blatt Pfefferminze, 1/2 Bund Petersilie,
1 Knoblauchzehe, 1 EL Öl, Rosenpaprika,
Salz, frisch gemahlener Pfeffer, 1 Zwiebel,
250 g beliebige Steinpilze, Pfifferlinge,
Austernpilze frisch, evtl. aus der Dose,
1 Tasse Brühe, 1 TL rosa Pfeffer.
Nährwert p. P. ca. 450 kcal = 1.883 kJ

Das Fleisch waschen, trocken tupfen. Die gewaschenen Kräuter fein hacken, getrocknete Kräuter zwischen den Fingern zerreiben. Mit dem gepressten Knoblauch, Öl, Paprika, Salz und Pfeffer vermischen. Das Fleisch damit einpinseln, in den lt. Vorwort gewässerten RÖMERTOPF® legen. Die gepellten Zwiebeln hacken, 1 TL rosa Pfeffer mit den vorbereiteten, in Scheiben zerteilten Pilzen, dazugeben. Mit Brühe aufgießen. Den Topf schließen. Das Fleisch nach rund einer Stunde Garzeit mit etwas vom Fleischsaft beschöpfen. Die fertige Soße evtl. mit etwas Brühe oder saurer Sahne verlängern, abschmecken.

Beilage: Feines Gemüse oder Salat, knackiges Weißbrot oder Salzkartoffeln.

Lammrücken, mariniert
(Italien)

Garzeit ca. 1,5 Stunden
Fleisch vorher einlegen
800 g Lammfleisch vom Rücken oder Hals,
1/4 l Rotwein, 4 EL Weinessig,
1 Tasse beliebige Kräuter gehackt
(Rosmarin, etwas Thymian und viel
Petersilie sollte dabei sein),
4 Zwiebeln, 4 Knoblauchzehen,
50 g durchwachsener Räucherspeck,
4 EL Olivenöl, 1 Tasse Würfelbrühe,
1 scharfes Pfefferschötchen,
1 kleine Dose Tomaten, 3 Möhren,
100 g Spinat oder Mangold,
Salz, frisch gemahlener Pfeffer,
4 Scheiben Weißbrot.
Nährwert p. P. ca. 750 kcal = 3.138 kJ

Das Fleisch waschen, in eine nicht zu große Schüssel legen; den Wein mit Essig und den Kräutern vermischen, darüber gießen; 3 Stunden bis 3 Tage marinieren.
Je 2 Zwiebeln und Knoblauchzehen schälen, hacken. Den Speck würfeln, in der Pfanne ausbraten, Öl dazugeben und darin das gut abgetrocknete Fleisch anbraten; Zwiebeln und Knoblauch kurz mitschmoren, dann alles in den gewässerten RÖMERTOPF® geben.
Mit 1 Tasse Marinade und der Brühe aufgießen, das Pfefferschötchen dazulegen. Nach einer Stunde Garzeit die Dosentomaten und das klein geschnittene Gemüse dazugeben; mit der übrigen Marinade aufgießen, mit Salz und Pfeffer abschmecken. Nun nach je 30 Minuten das Fleisch mit Soße beschöpfen. Das getoastete Weißbrot salzen, pfeffern, mit gepresstem Knoblauch bestreichen; auf den Tellern verteilen und mit Fleisch belegen, Soße darüber gießen.

Lamm, Riviera-Art
(Frankreich)

Garzeit ca. 2 Stunden
800 g Lammfleisch in großen Würfeln,
30 g Streifen von fetten Räucherspeck,
3 Zwiebeln, 1 Knoblauchzehe, 1 EL Butter,
Lorbeerblatt, 250 g Möhren, 250 g weiße Rübchen, 1 Stück Speckschwarte, etwas abgeriebene Schale einer naturreinen Orange, Salz, frisch gemahlener Pfeffer,
1 Tasse Weißwein, 1 Tasse Würfelbrühe.
Nährwert p. P. ca. 700 kcal = 2.930 kJ

Fleisch waschen, trocknen und mit Speckstreifen spicken; mit den zerkleinerten Zwiebeln und Knoblauch in der Pfanne in Butter anbräunen, dabei bewegen. Möhren und weiße Rüben vorbereiten, zerkleinern und in den gewässerten RÖMERTOPF® geben; das Bratgut darauf verteilen, Speckschwarte dazulegen. Mit Orangenschale, Salz und Pfeffer bestreuen, mit Wein und Brühe begießen, den Topf schließen.

Dazu passen Kartoffeln oder Weißbrot.

Lamm mit Gemüse
(Griechenland)

Garzeit ca. 1,5 Stunden
700 g Lammfleisch, 3 Zwiebeln,
4 EL Olivenöl, Salz, frisch gemahlener Pfeffer, 1 Döschen Tomatenmark,
1 Tasse Würfelbrühe,
je ca. 200 g Auberginen, Zucchini, Paprikaschoten, Bohnen und Kartoffeln.
Nährwert nach verwendeten Fleischstücken

Das Fleisch waschen, trocknen, in große Würfel schneiden und mit Zwiebelringen in der Pfanne im Öl anbraten. Alle Gemüse vorbereiten, grob schneiden, in den gewässerten RÖMERTOPF® füllen; salzen, pfeffern, dann das Bratgut daraufgeben; Brühe mit Tomatenmark verrühren und aufgießen. Zwischendurch nach Bedarf erwärmte Flüssigkeit zugießen.

Lammfleisch auf Bohnen
(Russland)

Garzeit ca. 1,5 Stunden
600 g Lammfleisch aus der Keule,
Salz, frisch gemahlener Pfeffer,
250 g Zwiebeln, 50 g Butter, 1 EL Mehl,
1/4 l Brühe, 1 EL Tomatenmark,
500 g grüne Bohnen, 2 Knoblauchzehen,
2 EL Wodka, 2 EL gehackte Petersilie.
Nährwert p. P. ca. 500 kcal = 1.946 kJ

Das Fleisch waschen, trocken tupfen und würfeln. Mit Salz und Pfeffer würzen. Die Zwiebeln enthäuten, grob zerkleinern. Mit dem Fleisch in der Pfanne in der Butter anbraten. In den lt. Vorwort gewässerten RÖMERTOPF® geben. Mit dem Mehl bestäuben, mit der mit Tomatenmark verrührten Brühe begießen. Den Topf schließen. Nach 3/4 Stunde die vorbereiteten Bohnen dazugeben, den Knoblauch dazu pressen. Das fertige Gericht mit Salz, Pfeffer und Wodka abschmecken, die Petersilie unterheben.

Beilage: Kartoffeln.

Lamm mit Tomaten
(Indien)

Garzeit ca. 1,5 Stunden

400 g Lammgulasch,
Salz, frisch gemahlener Pfeffer, 2 EL Öl,
2 große Zwiebeln, 2 Knoblauchzehen,
1 kleine Dose geschälte Tomaten, Kardamom,
Nelkenpulver, Koriander und Kreuzkümmel
nach Geschmack, reichlich Kurkuma,
150 g Sahnejoghurt, 100 g Sahne.

Nährwert p. P. ca. 400 kcal = 1.674 kJ

Das Fleisch waschen, trocken tupfen, salzen und pfeffern. Im Öl in der Pfanne braten. Die enthäuteten, gehackten Zwiebeln und Knoblauchzehen dazugeben und anschwitzen. In den lt. Vorwort gewässerten RÖMERTOPF® geben. Die Tomaten mit den Gewürzen sehr pikant-exotisch abschmecken, mit dem Joghurt dazugeben. Den Topf schließen. Mit der Sahne verrühren, abschmecken.

Beilage: Fladenbrot.

Lamm-Spießchen
(Indien)

Garzeit ca. 1 Stunde

Soße wie im vorherigen Rezept, jedoch ohne Fleisch und Tomaten bereiten. Mit 1 TL Zucker, 1 - 2 EL Currypulver, je 1 Msp Muskat und Ingwerpulver würzen. Würfel von magerem Lammfleisch abwechselnd mit Perlzwiebeln auf Spieße ziehen, darauf legen. Topf schließen.

Lamm-Pilaw
(Nordafrika)

Garzeit ca. 1,5 Stunden

700 g Lammfleisch vom Schlegel,
2 Zwiebeln, 2 EL Öl, Salz, Kurkuma,
etwas Nelkenpulver, 1 rote Paprikaschote,
100 g Reis, 4 EL Korinthen, 300 ml Brühe,
1 EL gehackte Pistazien,
200 g Weintrauben.

Nährwert p. P. ca. 750 kcal = 3.139 kJ

Fleisch waschen, trocknen, würfeln und mit enthäuteten, geviertelten Zwiebeln in der Pfanne im Öl anbraten; dann in den gewässerten RÖMERTOPF® geben, mit Gewürzen bestreuen. Die Paprikaschote vorbereiten, würfeln und dazugeben. Reis und Korinthen unter einem Sieb mit Wasser abbrausen, einstreuen. Mit der Brühe aufgießen und den Topf schließen. Das fertige Gericht vorsichtig vermischen, Pistazien und halbierte Trauben unterheben, kurz mit erhitzen; das Pilaw abschmecken.

Lamm-Pilaw
(Türkei)

Statt mit Kurkuma mit Safran, Muskat und viel Knoblauch würzen; statt der Trauben Würfel von geschälten Tomaten und angebratenen Auberginen unterheben.

Lamm-Pilaw
(Griechenland)

Statt Kurkuma und Trauben 500 g Tomaten verwenden. Geschmack mit etwas Zimt und Nelkenpulver und viel gehackter Petersilie verändern. Pilaw mit gehackten Mandeln bestreuen.

JAGD-SAISON FÜR FEINSCHMECKER: WILD IN INTERESSANTEN VARIATIONEN

Wild ist eine Delikatesse zu jeder Jahreszeit.
Es ist mager und zart und macht jedes Gericht
zu einem besonderen kulinarischen Erlebnis.
Probieren Sie unsere RÖMERTOPF® Wildrezepte,
das unvergleichliche Aroma wird Sie begeistern.

Hirschbraten, eingelegt

Garzeit ca. 2 Stunden
Fleisch 2 Tage einlegen
1.000 g Rücken, Keule oder Ragout vom Hirsch mit Knochen, 1/8 l Wein- oder Estragon-Essig, 1 Zwiebel, Majoran, Thymian, einige zerdrückte Wacholderbeeren, Rosmarin, Salbei, 125 g durchwachsener Räucherspeck, 2 EL Butter, Schale von 1/4 unbehandelter Zitrone, 1/4 l saure Sahne, Salz, frisch gemahlener Pfeffer, je 1 EL Johannisbeergelee, Senf, gehackte Petersilie und Pfefferkuchen.
Nährwert p. P. ca. 500 kcal = 2.092 kJ

Essig erhitzen, Zwiebelscheiben und Gewürze dazugeben. Das gewaschene Fleisch einlegen und 2 Tage marinieren. Nun entnehmen, trocken tupfen, mit Speckstreifen spicken; in den gewässerten RÖMERTOPF® legen und mit Butterflöckchen bedecken; mit 1 Tasse der durchgesiebten Marinade begießen, Zitronenschale dazugeben, den Topf schließen.
Nach jeweils 40 Minuten mit etwas erwärmter Marinade begießen, damit das Fleisch nicht austrocknet. Die Soße durchsieben, saure Sahne einrühren, mit Salz und Pfeffer abschmecken. Johannisbeergelee, Senf, Petersilie und den zerbröselten Pfefferkuchen beimischen, noch einmal für 10 Minuten in die Röhre geben.

Zum Hirschbraten passen rohe Kartoffelklöße, Rotkraut und Preiselbeeren.

Hirschbraten, mild mariniert

Für die Beize Rotwein und Buttermilch zu gleichen Teilen mischen.

Hirschbraten à la nature

Während Wild früher immer mariniert wurde, genießt man heute oft bewusst den speziellen Eigengeschmack, den die Beize überdeckt. Das Fleisch wird zarter, wenn es ein paar Stunden in Buttermilch liegt oder von einem essiggetränkten Tuch umhüllt ist. Das sehr magere Hirschfleisch wird durch Spicken mit Räucherspeck saftiger.
Für die Soße passen immer: Rotwein, Sahne und Brühe.

Hirschbraten süß-sauer

(Osteuropa)

Nach nebenstehendem Grundrezept bereiten. Wenig Gewürze und Essig verwenden, dafür reichlich klein geschnittene Gewürzgurke in die fertige Soße geben. Gurkenflüssigkeit aus dem Glas mit für die Marinade verwenden; die Soße mit saurer Sahne und Kapern verfeinern.

Hirschbraten mit Garnitur

(Skandinavien)

Vier säuerliche Äpfel schälen, das Kernhaus ausstechen und die entstandene Höhlung mit Preiselbeer-Kompott füllen. In den letzten 30 Minuten mit in den RÖMERTOPF® legen, zur Garnitur servieren.

Hirschrouladen

(Ungarn)

bereiten Sie nach dem Grundrezept für Rouladen auf Seite 29. Rollen Sie jeweils ein Stück scharfe Pfeffergurke zusätzlich ein und garen Sie 1 Lorbeerblatt mit; die Soße mit saurer Sahne verfeinern, mit Paprikapulver schärfen.

Rentier

In Skandinavien, aber auch in Mitteleuropa tiefgefroren im Angebot, kann nach allen Rezepten für Hirsch und Reh bereitet werden.

Rehbraten

Man kann ihn nach allen Rezepten für Hirschfleisch zubereiten.
Beize überdeckt leicht den sehr dezenten Eigengeschmack.
Wir raten deshalb davon ab.

Rehbraten mit Champignons

Das Fleisch auf ein Bett von sehr dünnen fetten Räucherspeckscheiben in den gewässerten RÖMERTOPF® legen. Unter die beinahe fertige Soße 250 g in Scheiben geschnittene Pilze geben. Auf dem Herd 2 gehackte Zwiebeln in 1 EL Butter golden ausbraten, mit 2 EL gehackter Petersilie in die Soße mischen.

Rehrücken „Gourmet“
(Frankreich)

Garzeit ca. 70 Minuten

Den gewässerten RÖMERTOPF® mit dünnen Speckscheiben auslegen. Rehrücken mit Salz und Pfeffer einreiben, darauf geben. Mit dünnen Speckscheiben bedecken. Topf schließen. Die Filetstreifen ablösen, schräg in Streifen schneiden, dünn mit Trüffelleberwurst bestreichen und auf dem Rückgrat wieder zusammen setzen. Trüffelleberwurst in einen Spritzbeutel mit kleiner Tülle füllen, kleine Tuffs aufsetzen; jeweils mit einem Stückchen Orangen-Filet und einem winzigem Büchsenpfifferling krönen. Im offenen Topf noch 10 Minuten in die Röhre stellen. Die Soße mit Orangensaft, Sahne und viel Pfeffer würzen.

Reh in Senfbutter

Garzeit ca. 1,5 Stunden
Ca. 700 g Jungreh-Schulter, Salz, frisch gemahlener Pfeffer, 1 Zwiebel, 1 Knoblauchzehe, 1/2 Lorbeerblatt, 6 EL Delikatess- (noch besser: Dijon-) Senf, ca. 200 ml weißer Landwein, 100 g Butter, 200 ml Sahne.
Nährwert p. P. ca. 600 kcal = 2.511 kJ

Das Fleisch waschen, trocknen, in große Würfel teilen, salzen, gut pfeffern; Lorbeerblatt und Butterflöckchen darauf geben, den Topf schließen. Nach je 30 Minuten erwärmte Sahne und mit Senf verrührten Wein über das Fleisch gießen. Die Soße abschmecken.

Zum Reh Kartoffelkroketten und Salat reichen.

Reh auf Linsen
(Spanien)

Garzeit ca. 2 Stunden
Linsen 12 Stunden wässern
200 g getrocknete Linsen, 2 Zwiebeln, 2 Knoblauchzehen, 1 Döschen Tomatenmark, 1 grüne Paprikaschote, einige Pfefferkörner, 1/4 l trockener Weißwein, 750 g Jungreh-Schulter, 4 EL Olivenöl, 2 EL gehackte Petersilie.
Nährwert p. P. ca. 550 kcal = 2.030 kJ

Die Linsen 12 Stunden einweichen; dann mit dem Einweichwasser, Zwiebel- und Knoblauchwürfeln, Tomatenmark, der in Streifen geschnittenen Paprikaschote und Pfefferkörnern in den gewässerten RÖMERTOPF® geben. Wein zugießen, das Fleisch darauf legen, mit Öl beträufeln und mit Petersilie bestreuen, Topf bedecken.

Dazu passen Kartoffeln oder Brot.

Wildschwein

liegt voll im Trend. Richtig zubereitet, ist es eine wahre Delikatesse. Am besten schmeckt es frisch von der Jagd im November und Dezember, denn dem an sich nie ganz mageren Fleisch tut das Tiefkühlen nicht so gut wie anderem Wild.

TIPP: Möglichst fettarme Teile verwenden und sichtbares Fett abschneiden! Wildschwein wird nicht – wie anderes Wild – gespickt und ohne Fettzugabe gegart. Die Soße sollte man durch Auflegen von Lösch- oder Kaffeefilterpapier zusätzlich entfetten, denn im Fett liegt der manchmal zu starke, typische Wildschweingeschmack.

Zu Wildschwein passen alle Arten von Knödeln.

Wildschwein, mariniert

Sehr gut macht es sich eingelegt, in der gleichen Marinade wie für Hirschbraten auf Seite 48 empfohlen.

Nährwert p. P. je nach Fettgehalt vom Fleisch.

Wildschweinbraten Wilderer-Art

(Norddeutschland)

Nach Hirschbraten-Rezepten bereiten. Die Soße mit geriebenem, säuerlichen Apfel, Zitronensaft und Schwarzbrot-Bröseln verändern; mit etwas Kornschnaps abschmecken.

Wildpaprika

Garzeit ca. 1,5 Stunden

700 g Reh- oder Hirsch-Gulasch, Salz,
frisch gemahlener Pfeffer,
50 g durchwachsener Räucherspeck,
3 Zwiebeln, 3 Knoblauchzehen,
3 Paprikaschoten, 2 TL Mehl,
1 EL edelsüßes Paprikapulver,
je 1/8 l Brühe, saure Sahne und Rotwein.

Nährwert p. P. ca. 500 kcal = 2.092 kJ

Das Fleisch salzen und pfeffern. Speck würfeln, in der Pfanne ausbraten, das Fleisch zugeben und unter Bewegen mit anbraten; Zwiebeln und Knoblauch häuten, klein schneiden, kurz mit anschwitzen. Paprikaschoten von Stielansatz und Kerngehäuse befreien, vierteln, in den gewässerten RÖMERTOPF® geben; Fleisch und Zwiebeln darauf verteilen, mit Mehl und Paprikapulver bestäuben, mit Brühe aufgießen; Topf schließen. Nach je 30 Minuten erwärmte Sahne und Wein zugießen.
Die Soße pikant abschmecken.

Zu Wildpaprika passt Reis.

Wild-Schaschlik

ist eine schmackhafte Resteverwertung für alle Arten von Wild: schneiden Sie dazu Reste von gegartem Fleisch in Scheibchen und reihen sie mit Silberzwiebeln und kleinen Dosenpilzen auf Spieße; mit Cumberland-Soße beträufeln, zu dunklem Brot reichen.

Rebhühner

sind als echtes Wildgeflügel im September und Oktober besonders gut. Achten Sie darauf, dass sie immer jung sind – man sieht's an den hellgelben Füßen. Rebhühner können sie auch nach den Rezepten für Hühner bereiten.

Fasan

Die Garzeit ist etwa 2 Stunden.

bereiten Sie wie Rebhuhn. 1 Fasan reicht für 2-3 Personen.

Rebhühner, gebraten

Garzeit ca. 1 1/4 Stunden
4 junge Rebhühner, Salz, 2 EL Zitronensaft,
1 EL Butter, 1/2 Lorbeerblatt,
einige Gewürzkörner, etwas Thymian,
1 Zwiebel, 1 Bund Suppengemüse,
100 g saure Sahne, 50 g fetter Räucherspeck,
1/8 l Rotwein.
Nährwert p. P. ca. 300 kcal = 1.256 kJ

Rebhühner waschen und trocknen, innen und außen leicht salzen, mit Zitronensaft beträufeln. Herz und Leber fein hacken, mit Butter und Gewürzen mischen, in das Geflügel füllen; mit weißem Baumwollgarn zunähen; dicht nebeneinander in den gewässerten RÖMERTOPF® legen. Die Zwiebel und das Suppengemüse zerkleinern, darüber streuen und mit Sahne begießen. Mit dünnen Speckscheiben belegen, den Topf schließen.
Rebhühner immer wieder mit Rotwein beträufeln, nach Geschmack 10 Minuten im offenen Topf überbacken.
Dazu passen kräftiges Schwarzbrot oder Kartoffelpüree und Sauerkraut.

Rebhühner, in Sherry mariniert

(Spanien)

Die geviertelten Rebhühner in einer Marinade aus 1/4 l trockenem Sherry, 2 EL Essig (am besten Sherry-Essig), 1 TL Trocken-Kräutermischung der Provence, 1 Lorbeerblatt und 2 EL Olivenöl 1 Tag marinieren. Das trocken getupfte Fleisch in reichlich Olivenöl von allen Seiten anbräunen, in der Marinade mit reichlich ganzen Knoblauchzehen garen.

Beilage: gebackene Kartoffelscheiben.

Rebhuhn in Weißwein

(Italien)

Garzeit ca. 1 1/4 Stunde
2 küchenfertige Rebhühner, Salz,
frisch gemahlener Pfeffer, 2 große,
dünne Scheiben durchwachsener Räucherspeck, 100 g Hühnerleber, 2 Knoblauchzehen, 2 Zwiebeln, 150 g Champignons,
1/2 l kräftiger Land-Weißwein,
2 EL gehackte Petersilie, 2 TL Speisestärke.
Nährwert p. P. ca. 600 kcal = 2.511 kJ

Rebhühner vorbereiten wie bei Rebhuhn gebraten. Mit Speck umwickeln; festbinden. In den gewässerten RÖMERTOPF®

legen. Leber, Zwiebeln, Knoblauch und Pilze vorbereiten und zerkleinern, dazugeben. Salzen, mit Wein begießen; Topf schließen. Soße evtl. etwas einkochen, leicht binden. Abschmecken, Petersilie unterrühren.

Beilagen: Knuspriges Weißbrot und Salat.

Wildhase wird nach unserem Geschmack nicht mehr gebeizt, sondern nur für 12 Stunden in Buttermilch gelegt oder 24 Stunden in ein essiggetränktes Tuch eingeschlagen. Ein ganzer Hase reicht für ca. 6 Portionen und passt in den großen RÖMERTOPF®.
Für Hase und Kaninchen, die für je ca. 6 Personen ausreichen, ist der große RÖMERTOPF® ideal.

Hasenbraten

Garzeit ca. 1,5 Stunden
Mindestens 1.000 g Hasenfleisch mit Knochen, frisch gemahlener Pfeffer, 100 g durchwachsener Räucherspeck, Salz, 3 Zwiebeln, 3 Möhren, 1 Stück Schwarzbrot, 1 Bund Petersilie (möglichst mit Wurzeln), 1 Tasse Rotwein, 2 EL Zitronensaft, 1 Tasse saure Sahne.
Nährwert p. P. ca. 400 kcal = 1.674 kJ

Das Fleisch waschen, trocknen, salzen, pfeffern und üppig spicken; in den gewässerten RÖMERTOPF® legen. Zwiebeln und Möhren zerkleinern, mit dem zerschnittenen Brot und geschrappten Petersilienwurzeln dazugeben. Mit Rotwein begießen und den Deckel auflegen. Zwischendurch nach Bedarf etwas heißes Wasser zugießen. Die Soße passieren, mit Zitronensaft und Sahne aufkochen, würzen; mit gehacktem Petersiliengrün vermischen.

Dazu Kartoffelknödel, Preiselbeerkompott und Rotkohl oder Salat reichen.

Hasenbraten, pikant

Wacholderbeeren, Pfefferkörner, 1 Gewürznelke und 1/2 Lorbeerblatt mitschmoren.

Hasenragout in Wein

(Italien)

Garzeit 1,5 bis 2 Stunden
Fleisch 1 Tag vorher einlegen.
Für ca. 6 Personen: 1 Hase, 2 Knoblauchzehen, 2 große Zwiebeln, 2 Möhren, 1 Stange Sellerie, 1 Lorbeerblatt, Petersilie mit Wurzel, etwas Thymian und Oregano, einige Pfefferkörner, Salz, 1/2 l Land-Rotwein, 100 g durchwachsener Räucherspeck, 4 EL Olivenöl, 1 Scheibe Weißbrot, 1 EL Kakaopulver, 1 TL Zucker.
Nährwert p. P. ca. 450 kcal = 1.883 kJ

Den gewaschenen Hasen in Portionsteile zerschneiden. Alles Gemüse vorbereiten, zerkleinern. Die Fleischteile mit den Gewürzen bestreuen, mit Gemüse vermischen und mit Wein begießen; 1 Tag durchziehen lassen. Speck in Streifen schneiden, im Öl in der Pfanne anbraten; das trocken getupfte Fleisch portionsweise mit anbräunen. In den gewässerten RÖMERTOPF® zuerst die Weißbrotscheibe legen, mit Kakaopulver und Zucker bestreuen, Fleisch und Speck darauf geben; mit 1/2 l der Marinade begießen, Topf schließen. Nach je 30 Minuten erwärmte Marinade zugießen. Abschließend die Fleischstücke herausnehmen und warm stellen; die Soße durch ein Sieb gießen, Gemüse und Brot leicht durchdrücken, abschmecken.

Dazu passen knackiges Weißbrot oder Polenta (Rezept S. 107).

Hase mit Walnuss-Soße

(Griechenland)

Den Hasen in Weißwein mit Knoblauch, Staudensellerie und Zitronensaft dünsten. Den Fond durchpassieren, nach Belieben mit Brühe verlängern; mit 50 g gemahlenen Walnüssen verfeinern.

Kaninchen etabliert sich im Zug der feinen, leichten Küche auch bei uns als kulinarische Köstlichkeit.
Wild- und Stallkaninchen werden nach den gleichen Rezepten bereitet; Kaninchen jedoch immer mit Weißwein, nie mit Rotwein! Wir haben ein Tier für 4 Personen berechnet, es reicht aber gut und gerne auch für 5–6.

Kaninchenbraten, gute alte Art

Garzeit ca. 1,5 Stunden
Fleisch 1 bis 2 Tage einlegen.
1 Kaninchen, 1/2 l Weißwein,
etwas Essig, 1 Zwiebel, 1/2 Lorbeerblatt,
etwas Kerbel, 50 g fetter Räucherspeck,
150 g saure Sahne,
250 g gegarte Champignons,
250 g gegarte Spargelstücke, 1 EL Butter,
2 EL gehackte Petersilie oder Kresse,
1 Eigelb.
Nährwert p. P. ca. 500 kcal = 2.092 kJ

Das Fleisch waschen, vorbereiten und in Stücke schneiden; in einer Marinade aus Wein, sehr leichtem Essigwasser, Zwiebelringen, Lorbeerblatt sowie Kerbel ein bis zwei Tage einlegen. Vor dem Zubereiten abtrocknen; mit Speckstreifen spicken, ohne weitere Fettzugabe kurz in der Pfanne anbraten und in den lt. Vorwort gewässerten RÖMERTOPF® geben. Mit 1 Tasse Marinade und 100 g Sahne begießen, den Topf schließen.
Dazwischen zwei Mal mit erwärmter Marinade begießen. In den fertigen Bratfond Champignons und Spargel sowie die Butter mischen.
Abschmecken, die Kräuter einrühren.
Mit dem in der übrigen Sahne verrührten Eigelb leicht binden.
Beilage: Rosenkohl, Spätzle, mit Kirschen gefüllte Äpfel.

Kaninchen unter Käsehaube

(Holland)

Vor dem Servieren das Fleisch dick mit viel geriebenem Käse bestreuen, noch 10 Minuten im geöffneten Topf überbacken.

Kaninchen in Bier
(Deutschland)

Garzeit 2 bis 2,5 Stunden
Fleisch vorher einlegen!
Für ca. 6 Personen: 1 Kaninchen,
4 EL Essig, 1/2 l Bier, 250 g Zwiebeln,
50 g fetter Räucherspeck,
1/2 l Bund Petersilie,
1 TL getrockneter Thymian, Salz,
1 EL geriebenes dunkles Brot,
frisch gemahlener Pfeffer.
Nährwert ca. 400 kcal = 1674 kJ

Das Kaninchen in Stücke teilen, mindestens 12 Stunden in einer Mischung aus sehr schwachem Essigwasser und Bier einlegen.
Trocken tupfen, in der Pfanne mit Zwiebel- und Speckwürfeln anbraten; in den gewässerten RÖMERTOPF® legen, mit etwas Petersilie und Thymian bestreuen, salzen; 1 Tasse der Marinade darüber gießen und den Topf schließen. Beim Garen mehrmals erwärmte Marinade zugießen. Die Soße abschmecken, mit gehackter Petersilie mischen und mit geriebenem Brot binden; gut pfeffern. Noch 10 Minuten in die Röhre stellen.

Zum Bierkaninchen gibt's Kartoffelknödel.

Kaninchen Marengo
(Italien)

Garzeit ca. 1,5 Stunden
Kaninchen 1 Stunde vorbereiten.
1 Kaninchen,
Salz, frisch gemahlener Pfeffer,
1/2 Zitrone, 1 Dose geschälte Tomaten,
3 Zwiebeln, 3 Knoblauchzehen,
je 4 EL gehackte Petersilie und
Staudensellerie, 100 g gefüllte Oliven,
1/4 l Weißwein, 4 EL Olivenöl,
4 EL Weinbrand, 1 EL Pinienkerne.
Nährwert ca. 500 kcal = 2092 kJ

Die Kaninchenteile mit Salz, Pfeffer und Zitronensaft einreiben;
1 Stunde Aroma ziehen lassen. Tomaten in den gewässerten RÖMERTOPF® geben; Zwiebeln und Knoblauch häuten und darüber streuen; Petersilie, Staudensellerie und geviertelte Oliven darauf verteilen; salzen, pfeffern und mit Wein begießen. Dann die Fleischteile auflegen, mit Öl beträufeln und den Topf schließen. Nach je 30 Minuten das Fleisch abwechselnd mit erwärmtem Wasser, Wein und Weinbrand beträufeln, mit den Pinienkernen bestreuen.

Reichen Sie knuspriges Weißbrot dazu.

Kaninchen mit Trauben
Griechenland

Ca. 200 g halbierte und entkernte helle Trauben in den letzten 10 Minuten mitgaren; Soße mit geriebenen Mandeln binden.

HIT IN ALLEN KÜCHEN: GEFLÜGEL-REZEPTE, DIE SIE KENNEN MÜSSEN

Das Garen von köstlichen Geflügelgerichten ist eine besondere Stärke des RÖMERTOPFES®.
Sie müssen erleben, wie saftig, zart und aromatisch Hähnchen, Enten, Puten und Gänse im RÖMERTOPF® gelingen.
Wir haben Ihnen dazu eine Fülle schmackhafter Rezepte zusammengestellt.

Brathähnchen

Garzeit nach Größe 75 bis 90 Minuten
2 Hähnchen, 2 EL Butter,
1 EL fein gehackte gemischte Kräuter
(evtl. TK), Salz, frisch gemahlener Pfeffer,
1/2 Tasse Weißwein, 1 Tasse Würfelbrühe.
Nährwert p. P. ca. 300 kcal = 1.256 kJ

Das Geflügel innen und außen waschen, trocken tupfen. Die Butter zerlassen und mit den Kräutern, Salz und Pfeffer vermischen; die Hühner damit innen und außen dick einstreichen; in den gewässerten RÖMERTOPF® legen. Die gehackte Leber dazugeben, mit Wein angießen, den Topf schließen. Wenn Sie reichlich Soße mögen, darf es auch mehr Flüssigkeit sein.

Dazu passen Reis, Kartoffelsalat, mehlige Salzkartoffeln, feines Gemüse und Salat.

Paprikahuhn

(Ungarn)

Garzeit gut 1 Stunde
200 g Zwiebeln, 2 EL Schweineschmalz,
1 großes Hähnchen, Salz,
frisch gemahlener Pfeffer,
edelsüßes Paprikapulver, 1 Knoblauchzehe,
2 TL Mehl, 1/8 l kräftige Würfelbrühe,
150 g saure Sahne, 150 g Sahne.
Nährwert p. P. ca. 450 kcal = 1.883 kJ

Zwiebeln enthäuten, in nicht zu feine Ringe schneiden und in der Pfanne im erhitzten Schmalz golden anbraten; in den gewässerten RÖMERTOPF® geben. Das Huhn vierteln, mit Salz, Pfeffer, Paprika und gepresstem Knoblauch einreiben, darauf legen und mit dem Mehl überstäuben; den Topf schließen. Beim Garen erwärmte Brühe angießen. Die Soße mit Sahne verrühren, noch einmal erwärmen, mit Salz und viel Paprika abschmecken.

Dazu schmecken Reis oder Nudeln.

Gespicktes Hähnchen

Das Hähnchen mit dünnen Speckstreifen spicken.

TIPP: Besonders zart wird das Brustfleisch, wenn Sie es während der ersten Bratstunde mit dünnen Scheiben von Räucherspeck abdecken; mit weißem Baumwollgarn befestigen.

Gefülltes Brathähnchen

1 großes Hähnchen mit der Farce aus Herz und Leber, 1 TL gehackter Zwiebel, 1 gepresste Knoblauchzehe, 1/2 Tasse sehr fein geschnittenem Kochschinken, 1/2 Tasse Weißwein, Salz, Pfeffer, Thymian, Salbei und 1/4 zerriebenem Lorbeerblatt füllen.

Brathähnchen auf Gemüsereis

(Kroatien)

Garzeit ca. 75 Minuten
1 großes Hähnchen, Salz,
frisch gemahlener Pfeffer,
etwas geriebene Muskatnuss, 1 EL Öl,
1 große Zwiebel, 2 Möhren, 2 Tomaten,
1/2 zerkleinerte Lorbeerblatt,
2 1/2 Tassen Würfelbrühe, 1 Tasse Reis.
Nährwert p. P. ca. 300 kcal = 1.255 kJ

Das Hähnchen vierteln, waschen, trocken tupfen. Die Gewürze mit Öl vermischen; das Fleisch damit einreiben. Zwiebeln, Möhren und Tomaten zerkleinern und mit dem Lorbeerblatt in den gewässerten RÖMERTOPF® geben; das Geflügel darauf legen, mit 1 Tasse Brühe begießen und den Topf schließen. Nach 45 Minuten den im Sieb kalt abgespülten Reis und die übrige Brühe unter das Gemüse mischen. Die Hähnchenteile wieder darauf legen, fertig garen.

Brathähnchen mit Käse-Curry-Kruste
(Holland)

Das gebratene Geflügel mit einer Mischung aus je 2 EL Semmelbröseln und geriebenem Käse, 1 EL Butter, 1 EL Zitronensaft und Currypulver nach Geschmack bestreichen, noch 10 Minuten überkrusten.

Huhn, gefüllt
(Spanien)

Garzeit ca. 1,5 Stunden

1 großes Huhn, frisch gemahlener Pfeffer, etwas Rosmarinpulver, 2 EL Öl, Hühnerleber, Herz und Magen, 2 Eier, 1 TL Trocken-Gewürzmischung der Provence, 50 g gehackte Mandeln, 50 g Weißbrot, 1 Tasse Würfelbrühe, 4 EL Sherry, trocken.

Nährwert p. P. ca. 400 kcal = 1.674 kJ

Das gewaschene Huhn innen und außen mit in Öl verrührtem Salz, Pfeffer und Rosmarin einpinseln. Die Innereien klein schneiden, mit Eiern, Kräutern, Mandeln und gewürfeltem Weißbrot mischen, mit Salz und Pfeffer abschmecken; in die Bauchhöhle füllen; die Öffnung zustecken. Das Huhn in den gewässerten RÖMERTOPF® legen und mit 1/2 Tasse Brühe begießen; Deckel auflegen. Nach 1 Stunde die restliche, erwärmte Flüssigkeit zugießen. Huhn im offenen Topf überbraten, dabei einmal wenden.

Dazu passen Reis oder Brot.

Gefülltes Huhn Gourmet-Art
(Frankreich)

Das Huhn mit einer Mischung aus halbierten und entkernten Trauben und vorbereiteten Pilzen füllen. Mit Weißwein aufgießen.

Gefülltes Huhn
(Griechenland)

Herz und Leber klein schneiden, mit Zwiebelwürfeln in etwas Öl in der Pfanne anschmoren; 4 EL Reis dazugeben, unter Bewegen mit anlaufen lassen; mit 1 Tasse Brühe aufgießen, 5 Minuten bei kleiner Hitze köcheln lassen; mit 1 EL Rosinen und 1 EL Pinienkernen oder Mandeln vermischen. In das innen und außen mit Salz, Pfeffer und gepresstem Knoblauch eingeriebene Huhn füllen; nach Grundrezept gefülltes Huhn garen.

Gefülltes Huhn Hausfrauen-Art

Hier wird das Huhn mit beliebig gewürztem Hackfleischteig gefüllt und die Öffnung zugenäht. Ein mittelgroßes Huhn ergibt dann 4 Portionen.

Burgunder-Huhn
(Frankreich)

Garzeit ca. 1,5 Stunden
2 Hähnchen, Salz,
frisch gemahlener Pfeffer, Zitronensaft,
50 g durchwachsener Räucherspeck,
125 g saure Sahne,
125 g guter Rotwein wie Burgunder,
1 Zwiebel, 1 Lorbeerblatt, 1 Bund Petersilie,
etwas Thymian, Estragon und Muskat,
250 g Champignons, 2 EL Weinbrand.
Nährwert p. P. ca. 400 kcal = 1.674 kJ

Geflügel waschen, salzen, pfeffern und mit Zitronensaft beträufeln; in den gewässerten RÖMERTOPF® legen, mit dünnen Speckscheiben bedecken. Saure Sahne mit Wein und der enthäuteten, gehackten Zwiebel mischen, salzen und pfeffern; mit allen Kräutern und den Pilzen in den Topf geben, Deckel schließen. In den letzten 10 Minuten den Speck abnehmen und die Hähnchen im offenen Topf überbräunen. Die Soße mit Salz, Pfeffer und Weinbrand abschmecken.

Dazu schmecken Kartoffelkroketten.

Curry-Huhn
(Indien)

Garzeit gut 1 Stunde
Vorbereitungszeit mind. 1 Stunde
1 großes Brathähnchen, 3 EL Öl, Salz,
frisch gemahlener Pfeffer,
etwas geriebene Muskatnuss,
Saft von 1 Zitrone, 1 TL Currypulver,
2 Apfelsinen, 1 TL Ingwerpulver,
etwas Mango-Chutney, 1/4 l saure Sahne,
1 Eigelb.
Nährwert p. P. ca. 350 kcal = 1.464 kJ

Hähnchen säubern, teilen; Öl mit Pfeffer und Muskat, Zitronensaft und Curry verrühren, darüber träufeln, mindestens 1 Stunde marinieren; in den gewässerten RÖMERTOPF® geben und diesen schließen. Nach 45 Minuten die ausgelösten Apfelsinenfilets, Ingwer, Mango-Chutney und leicht gesalzene, angewärmte saure Sahne darüber verteilen. Mit dem verquirlten Eigelb binden.

Reichen Sie Reis oder Fladenbrot.

Huhn mit Käsehaube
(Türkei)

In den letzen 10 Minuten das Fleisch mit Scheiben von Schafskäse belegen, im offenen Topf überbacken.

Weißwein-Huhn mit Estragon
(Frankreich)

Garzeit gut 1 Stunde
1 großes Hähnchen, Salz,
frisch gemahlener Pfeffer, 2 Knoblauchzehen,
4 EL Olivenöl, 2 Tomaten,
2 EL frischen oder 2 TL getrockneten
Estragon, 1/4 l Weißwein,
100 g saure Sahne, 1 TL Pastis oder Pernod.
Nährwert p. P. ca. 400 kcal = 1.674 kJ

Das Huhn vierteln; alle Teile waschen, mit Salz und Pfeffer einreiben. Knoblauch pressen und Öl damit würzen, Fleisch einpinseln. Die Tomaten enthäuten, vierteln und in den gewässerten RÖMERTOPF® legen; die Hühnerteile darauf geben. Mit Estragon bestreuen, mit Wein aufgießen, den Topf schließen. Nach 40 Minuten das Fleisch mit etwas Bratenfond beschöpfen, nach Geschmack etwas erwärmten Wein zugeben. Zuletzt saure Sahne einrühren und die Soße mit Salz, Pfeffer und Pastis würzen.

In Frankreich isst man dazu Kartoffelgratin oder Weißbrot.

Hühnerfrikassee

Garzeit gut 1 1/4 Stunden
1 großes Huhn, Salz,
edelsüßes Paprikapulver,
100 g magerer Räucherspeck, 1/2 Zwiebel,
1/4 l Würfelbrühe, 1 TL Speisestärke,
200 g Sahne, 1 EL Zitronensaft,
1 EL gehackte Petersilie.
Nährwert p. P. ca. 500 kcal = 2.093 kJ

Das gewaschene Geflügel in Portionen zerlegen, salzen, jedes Stück mit Paprika würzen. Den Speck in dünne Scheiben schneiden, in der Pfanne goldbraun ausbraten und den gewässerten RÖMERTOPF® damit auslegen. Das Huhn darauf verteilen; Zwiebel darüber streuen, 1 Tasse Brühe angießen, den Topf schließen.
Das Fleisch zwei Mal mit Brühe beträufeln. Die Soße nach Geschmack verlängern, mit in Sahne verrührter Speisestärke leicht binden; Zitronensaft und Petersilie einrühren; abschmecken.

Zum Frikassee schmecken Reis oder Salzkartoffeln oder Toast.

Hühnerfrikassee nach Art der Hausfrau

Champignons und / oder Erbsen und / oder Blumenkohlröschen garen, unter das fertige Frikassee heben. Hühner-Frikassee nach dem vorigen Grundrezept wird so zur Spezialität.

Sonntagsfrikassee

(Schweiz)

200 g in Streifen geschnittene, gepökelte Rinderzunge und 300 g gegarte Spargelstückchen in den letzten 10 Minuten mitkochen lassen. Es genügt dann ein normal-großes Hähnchen.

Hühnerfrikassee „Kopenhagen"

(Dänemark)

In der Soße 100 g Doppelrahmfrischkäse auflösen. Mit etwas Aquavit und reichlich frisch gemahlenem Pfeffer sowie säuerlicher Konfitüre abschmecken.

Hühnerfrikassee

(Polen)

Die Garflüssigkeit mit Marinade von Pfeffergurken und mit Sardellenfilet würzen. Fertige Soße pikant mit zerdrückten eingelegten Pfefferkörnern, klein gewürfelter Pfeffergurke und Zitronensaft verändern.

Huhn auf gemischtem Gemüse

(Türkei)

Je ca. 150 g vorbereitete Möhren, grüne Bohnen, Zucchini und Blumenkohlröschen in den RÖMERTOPF® geben; mit roten Zwiebelwürfeln und Knoblauchwürfeln bestreuen. Mit Salz, Paprikapulver und einer Spur Zimt würzen; mit Brühe begießen; mit den Hühnerteilen belegen.

Zu Brot reichen.

Suppenhuhn

Zwar kann man Hühner auch auf dem Herd kochen. Doch ganz ohne Beaufsichtigung geht es im RÖMERTOPF®. Die milde Hitze lässt das Fleisch herrlich zart werden und hier ist so wenig Flüssigkeit nötig, dass kräftige, allerbeste Brühe entsteht. Die Garzeit richtet sich nach dem Alter des Tieres.
Junge Hühner brauchen nur gut 1 Stunde, bei Suppenhühnern muss man rund 2 Stunden oder mehr rechnen.

Huhn in Joghurt

(Thailand)

Garzeit je nach Huhn, ca. 2 Stunden

1 mittelgroßes Suppenhuhn oder
1 großes Brathähnchen,
2 Bund Suppengemüse, 1/2 l Joghurt,
2 Knoblauchzehen, 4 EL Zitronensaft, Salz,
frisch gemahlener Pfeffer, 2 EL Currypulver,
1 Eigelb, 1 EL Butter, 1 EL Mehl.

Nährwert ca. 400 kcal = 1.674 kJ

Das Huhn achteln, die Stücke gut waschen, in den gewässerten RÖMERTOPF® legen. Das Suppengemüse zerkleinern (etwas Petersilie zurücklassen). Zum Huhn geben und mit Joghurt aufgießen. Mit gepresstem Knoblauch, 2 EL Zitronensaft, Salz, Pfeffer und 1 EL Currypulver würzen. Den Topf schließen. Gegartes Huhn aus der Brühe nehmen, das Fleisch von den Knochen lösen und kurz unter fließendem Wasser abbrausen, grob zerschneiden.
Den Sud durch ein Sieb gießen. Die festen, geronnenen Joghurtteile sowie das ausgekochte Suppengemüse wegwerfen; sie haben alles Aroma abgegeben. Die Soße mit dem übrigen Zitronensaft und Curry sowie Salz abschmecken; Mehl mit Butter verkneten und damit sowie mit Eigelb die Soße binden; die restliche gehackte Petersilie beimischen.

Reichen Sie hierzu Petersilien-Reis.

Gekochtes Huhn

(Italien)

Das geviertelte Huhn in einem Sud aus 1/4 l Brühe und 1/4 l Weißwein in den RÖMERTOPF® geben. Den Sud mit 1 zerkleinerten Stange Sellerie, 3 Knoblauchzehen, 1 Gewürznelke, 1/2 Lorbeerblatt, 3 Pfefferkörnern, viel gehackter Petersilie und etwas Thymian garen.

Kalt oder warm mit Grüner Soße und kräftiger Knoblauchmayonnaise reichen.

Gekochtes Huhn in Walnuss-Soße

(Türkei)

Das Huhn lt. vorigem Rezept, jedoch ohne Wein, nur in Brühe gar kochen. 150 g Weißbrot in 3 Tassen heißer Hühnerbrühe einweichen. 125 g Walnusskerne fein reiben, mit 3 EL Walnussöl vermischen. Mit viel zerkleinerter Petersilie, gehacktem Knoblauch, Salz und Pfeffer würzen. Alles glatt rühren, zu den warm gehaltenen Fleischstücken reichen.

Gekochtes Huhn mit Oliven

(Nordafrika)

Die Hähnchenteile vor dem Kochen in der Pfanne in Öl anbräunen. Zur Hälfte der Garzeit etwas abgeriebene Schale von naturreiner Orange, Orangensaft, 1 Bund vorbereitetes Suppengemüse und etwas Ingwer zugeben. Das fertige Gemüse mit viel Pfeffer abschmecken, 100 g geviertelte, entsteinte Oliven und 4 EL gehackte Petersilie einrühren. Zuletzt noch 15 Minuten im offenen Topf die Soße einkochen lassen.

Huhn mit Paprika

(Spanien)

Je 1 rote und grüne Paprikaschote und 100 g zerkleinerten rohen Schinken mitgaren. Mit Weißwein aufgießen. Die Soße mit Weinbrand und gepresstem Knoblauch abschmecken.

Huhn auf Feigen

(Syrien)

Die vorbereiteten Hühnerteile auf 1.000 g in Scheiben geschnittenen Feigen anrichten; mit 2 gewürfelten Tomaten, 1 gehackter Zwiebel und 50 g Pinienkernen bestreuen; mit Salz, Pfeffer und etwas Koriander würzen. Mit Brühe begießen.

Huhn mit Mandeln

(Türkei)

50 g klein geschnittenes Weißbrot in den gewässerten RÖMERTOPF® legen, mit 50 g gehackten Mandeln bestreuen. Die Innereien klein schneiden. 6 Knoblauchzehen und 2 Zwiebeln abziehen, hacken, darauf streuen. Mit Koriander, Salz und Paprikapulver würzen. Mit 1 Tasse Brühe begießen und garen.

Huhn mit Schinken in Rum-Sahne

(Karibik)

Garzeit ca. 45 Minuten

400 g Hühnerbrüstchen,
200 g gekochter magerer Schinken,
1 EL gehackte Petersilie, Salz,
viel frisch gemahlener Pfeffer, 2 TL Öl,
1 Mango, 6 EL Brühe, 1 EL Rosinen,
2 Tomaten, 50 g Kokosraspeln, 150 g Sahne,
2 EL Rum.

Nährwert p. P. ca. 500 kcal = 2.092 kJ

Das vorbereitete Fleisch und den von Schwarte und Fettrand befreiten Schinken in Scheibchen schneiden, in den gewässerten RÖMERTOPF® geben; mit Petersilie bestreuen, salzen und pfeffern, mit Öl beträufeln. Den Topf schließen. Nach 25 Minuten die gewürfelte Mango, Brühe, Rosinen und enthäutete, geviertelte Tomaten sowie Kokosraspeln unterheben. Sahne halbsteif schlagen, mit Rum, wenig Salz und reichlich Pfeffer würzen, ebenfalls unterheben.

Reis oder Weißbrot schmecken dazu.

Ente

... braten Sie nach Vorschlag für Gänsebraten (ab Seite 64). Hier genügt jedoch meist der normale RÖMERTOPF® und eine Garzeit von 90–120 Minuten. Leckere Variationen bieten Ihnen die internationalen Rezepte.

Wildenten

... sind kräftiger im Geschmack als Mastenten und werden deshalb von Kennern hochgeschätzt.
Da sie allerdings – wie alle wild lebenden Tiere – kaum Fett im Fleisch haben, sollten Sie den Braten unbedingt mit dünnen Speckscheiben oder -streifen abdecken. Für 4 Personen sind 2 Tiere richtig.

Ente Hausfrauen-Art

Garzeit insgesamt ca. 3 Stunden
+ beliebige Wartezeit
1 Ente, 1 Bund Suppengemüse,
1 große Zwiebel, 1 Knoblauchzehe,
1 Kartoffel, je 1/4 l leichte Hühnerbrühe
und Weißwein, Salz, frisch gemahlener
Pfeffer, etwas Mehl, Majoran,
gehackte Petersilie.
Nährwert p. P. ca. 750 kcal = 3.138 kJ

Ente vorbereiten, waschen. Das Suppengemüse, Zwiebel, Knoblauch und Kartoffeln vorbereiten, zerkleinern. Alles mit der Brühe in den gewässerten RÖMERTOPF® füllen. In ca. 2 1/2 Stunden weich garen. Abkühlen lassen, dann vierteln und jeweils salzen und pfeffern. Die Teile in den RÖMERTOPF® legen und offen 30 Minuten überbräunen. Indessen auf dem Herd die Brühe durchsieben, noch einkochen und mit Pfeffer, etwas Majoran und Petersilie würzen.

Ideal sind dazu alle Arten von Knödeln.

Ente Nizza

(Frankreich)

Garzeit ca. 1,5–2 Stunden
1 Ente, Salz, frisch gemahlener Pfeffer,
1 Knoblauchzehe, 1.000 g Tomaten,
300 g Oliven ohne Steine,
1 Likörglas Weinbrand, 1/8 l Weißwein,
etwas Rosmarin und Thymian.
Nährwert p. P. ca. 800 kcal = 3.350 kJ

Die Ente waschen, trocken tupfen, innen und außen gut mit Salz, Pfeffer und gepresstem Knoblauch einreiben.
Die Tomaten enthäuten, in Scheiben zerteilen. Die Oliven vierteln. Alles in den gewässerten RÖMERTOPF® geben, mit Weinbrand und Wein begießen, mit den Gewürzen bestreuen. Den Topf schließen. Während der letzten 30 Garminuten den Deckel abnehmen, Temperatur auf 225 bis 250 °C hoch stellen.

Ofenkartoffeln passen besonders gut, Weißbrot oder Reis schmecken auch dazu.

Ente Orange

Hierzu kann man gut auch nur Ententeile, am besten Entenbrüste, verwenden. Das gewaschene und gewürzte Fleisch wird hier mit 1 Tasse Brühe in den Topf gegeben und die fertige Soße mit saurer Sahne, frisch gepresstem Orangensaft, etwas abgeriebener Schale von naturreiner Orange und evtl. Orangenlikör (Cointreau) abschmecken.

Ente süß-sauer

Garzeit ca. 1 Stunde

500 g Entenbrust, 2 EL Öl,
1 kleine Dose Ananasstücke,
1 kleine Dose geschälte Tomaten,
1 EL Zucker, 2 TL Essig,
1 TL Ingwerpulver, 1 EL Currypulver,
2 Knoblauchzehen, 1 Zwiebel, Salz,
1 EL gehackte Petersilie, 2 EL Sojasoße.

Nährwert p. P. ca. 500 kcal = 2.092 kJ

Die Haut von der Entenbrust ablösen, das Fleisch in sehr feine Plättchen, die Haut in Streifen schneiden. Beides in der Pfanne mit Öl portionsweise sehr kross anbraten; in den gewässerten RÖMERTOPF® geben. Die Ananasstücke und Tomaten mit Saft dazugeben, Gewürze sowie Zucker und Essig beimischen. Knoblauch und Zwiebel enthäuten, den Knoblauch dazu pressen, die Zwiebel in feine Ringe hobeln. Alles sehr vorsichtig unterziehen. Zuletzt salzen und den Topf schließen.
Das fertige Gericht mit Petersilie und Sojasoße abschmecken.

Reis ist die traditionelle Beilage.

Ente mit Tomaten
(Italien)

500 g geschälte Tomaten in den gewässerten RÖMERTOPF® geben; mit viel Basilikum bestreuen, salzen und pfeffern. Die Ente vierteln, mit 100 g klein geschnittenem magerem Schinken und 4 EL gehackter Petersilie bestreuen. Mit wenig Brühe schmoren.

Ente auf Obst-Sauerkraut
(Elsass)

Garzeit ca. 2 Stunden

1 Ente, 750 g Sauerkraut,
250 g gemischte Früchte
(evtl. Cocktailfrüchte oder chinesischer Obstsalat aus der Dose),
1 frische oder marinierte Paprikaschote,
1 TL Suppenwürze, Salz,
frisch gemahlener Pfeffer, 1/4 l Brühe,
2 TL Speisestärke.

Nährwert p. P. ca. 800 kcal = 3.350 kJ

Die Ente innen und außen waschen, in Portionen teilen. Das Sauerkraut mit den Früchten und der zerkleinerten Paprikaschote vermischen; in den gewässerten RÖMERTOPF® geben und mit Suppenwürze bestreuen. Die Entenstücke darauf legen, salzen und pfeffern; mit 1 Tasse Wasser begießen. Den Topfdeckel auflegen. Am Ende der Garzeit die Fleischstücke herausnehmen, warm stellen oder noch überbräunen.
Das Kraut mit der in Brühe angerührten Speisestärke binden, abschmecken und zur Ente reichen.

Dazu schmecken Kartoffelknödel.

Gänsebraten

Bitte unbedingt im Maxi-RÖMERTOPF® garen!

Garzeit gut 3 Stunden

1 Fleischgans von ca. 5 – 6 kg,
Salz, 1 Apfel, 1 Brötchen,
frisch gemahlener Pfeffer,
1 TL Majoran oder Beifuß.

Nährwert p. P. je nach Fettgehalt der Gans

Gans innen und außen gut waschen, trocknen und mit Salz ausreiben. Herz und Leber säubern, den Apfel schälen und das Kerngehäuse entfernen. Das Brötchen einweichen. Herz, Leber und Apfel in der Küchenmaschine zerkleinern; mit dem ausgedrückten Brötchen mischen, mit Salz, Pfeffer und Majoran oder Beifuß würzen. Mischung in die Gans füllen, mit weißem Baumwollgarn zunähen; mit der Brust nach unten in den gewässerten Maxi-RÖMERTOPF® legen und diesen schließen.

WICHTIG: Gänsebraten soll in der ersten Stunde keine Farbe bekommen, da er sonst zu trocken wird. Nach 2 Stunden den Deckel abnehmen und die Gans alle 10 Minuten abwechselnd mit eigenem Saft und Salzwasser begießen; einmal wenden, damit die Kruste rundum knusprig wird.
Vorsichtig die Fäden entfernen, die Gans auf eine vorgewärmte Platte heben und tranchieren.

TIPP: Mögen Sie das Fleisch nicht zu fett? Dann werden die fetthaltigen Schenkel öfter mit einer Stricknadel durchstoßen, damit während des Bratens das Fett austritt. Es kann dann von der Soße abgeschöpft werden.

Zur Gans reichen Sie Kartoffelklöße mit Sauerkraut, Rotkohl oder Apfelmus.

Gans, norddeutsch gefüllt

Mit einem Gemisch aus Apfelwürfeln, Rosinen und Schwarzbrot-Bröseln füllen. Die Soße kann mit Kornschnaps abgeschmeckt werden.

Gans mit Fleischfüllung

Garzeit um ca. 30 Minuten verlängern.

Leber und Herz der Gans hacken und zu einem Fleischteig wie bei Frikadellen verkneten, in die Gans füllen.

Variationen dazu:

Gans mit Kastanienfüllung

500 g geschälte Esskastanien mit gehackter Petersilie mischen, in die Gans füllen.

Gans mit raffinierter Füllung

Die Esskastanien mit 150 g zerpflückter Ananas vermischen.

Gans mit Reisfüllung

(Schweiz)

Gänseherz und Leber sowie 200 g klein geschnittene oder geriebene Rinderleber mit 200 g gegartem Reis, einer geriebenen Zwiebel und 2 Eiern mischen; salzen, in die mit einer Knoblauchzehe ausgeriebene Gans füllen.

Gänseklein

(Gänsejung, Gänsepfeffer)

Garzeit 2,5 Stunden

Gänseklein = Füße ohne Krallen und Haut, Magen ohne Innenhaut, Kopf ohne Schnabel und Augen sowie die Flügel einer Gans, Salz, Pfeffer, 1 Zwiebel, 1 Bund Suppengemüse, 2 EL Butter, 1 EL Mehl, 1 Bund Petersilie, 1/2 naturreine Zitrone, geriebene Muskatnuss, 1/8 l saure Sahne.

Nährwert p. P. ca. 300 kcal = 1.256 kJ

Das Gänseklein gut waschen; mit Salz, Pfeffer, 1/2 gewürfelten Zwiebel und dem zerkleinerten Suppengemüse sowie 1/2 l Wasser in den gewässerten RÖMERTOPF® legen; den Topf schließen. Nach 90 Minuten Garzeit die Brühe absieben und in den RÖMERTOPF® zurück gießen. Das Fleisch von den Knochen lösen, in Streifen teilen und dazugeben. Butter und Mehl verkneten, mit etwas Brühe glatt rühren und in den Topf geben. Die geriebene restliche Zwiebelhälfte, gewaschene, gehackte Petersilie, Zitronensaft und etwas geriebene Zitronenschale untermischen. Bei geschlossenem Topf weitere 60 Minuten garen. Mit Salz , Pfeffer sowie Muskat abschmecken und mit Sahne binden.

Teigwaren, Mehl- oder Semmelknödel sind passende Beilagen.

Gänseklein mit feinem Gemüse

Unter das fertige Gericht extra gegarte Blumenkohlröschen, Champignons, Spargel und/oder Erbsen mischen.

Gänseklein, mariniert

Die Gänseteile 3 Tage lang in einer Marinade wie bei Sauerbraten einlegen.

Gänseklein mit würziger Gemüsesoße

1/2 Sellerieknolle und 2 Stangen Lauch vorbereiten, zerkleinern und mitgaren.

Straßburger Gänsetopf

Garzeit 2,5 bis 3 Stunden

1.000 g Gänsestücke, 2 EL Gänseschmalz, 1 Dose Weinsauerkraut, 2 EL Quittengelee, 1 Glas Calvados (Apfelschnaps), 1 Tasse Apfelsaft, Apfelwein oder Weißwein, 1 Zwiebel, 4 Gewürznelken, 1 Lorbeerblatt, 1 Knoblauchzehe, Salz, Pfeffer, 1 EL Honig.

Nährwert p. P. je nach verwendeten Gänsestücken.

Die Gänsestücke waschen, trocken tupfen; in der Pfanne im Gänseschmalz von allen Seiten anbraten. Das Sauerkraut zerpflücken, in den gewässerten RÖMERTOPF® geben, mit Quittengelee und Calvados vermischten Apfelsaft darüber gießen. Die Zwiebel enthäuten, halbieren und mit Nelken, gevierteltem Lorbeerblatt und Knoblauchzehe bestücken, dazulegen. Salzen und pfeffern, den Honig beigeben. Das Fleisch darauf legen. Den RÖMERTOPF® schließen. Nach der Garzeit vorsichtig die Gewürz bestückten Zwiebelhälften entfernen. Das Fleisch auf einer vorgewärmten Platte bereithalten. Währenddessen das Kraut mit der Gabel zerpflücken und nachwürzen.

Im Elsass serviert man Kümmel-Kartoffeln dazu.

Gefüllter Gänsehals
(Schweiz)

Garzeit gut 1 Stunde

1 Gänsehals, 175 g gegarte Esskastanien (evtl aus der Dose), 1 Brötchen, 250 g gemischtes Hackfleisch, 50 g magerer Räucherspeck, 1 Gänseleber, 2 Möhren, 1 Zwiebel, Salz, Currypulver, Majoran, 1 EL gehackte Petersilie, 1 Ei, 1 EL Butter, 1 EL Gänseschmalz.

Nährwert p. P. ca. 500 kcal = 2.093 kJ

Den Gänsehals waschen; vorsichtig die Haut von Knochen und Knorpeln abziehen; an einem Ende zunähen. Das eingeweichte, ausgedrückte Brötchen mit Hackfleisch, geschnittenem Speck, Gänseleber, geschnittenen Möhren und Zwiebeln im Mixer zerkleinern oder durch den Fleischwolf treiben; mit Salz, Curry, Majoran und Petersilie würzen und mit dem Ei verkneten. Die Farce kurz in der Pfanne mit Butter anschmoren und in den Gänsehals stopfen; nun auch am anderen Ende zunähen. In den RÖMERTOPF® legen und die Kastanien darum setzen; das Gänseschmalz darauf verteilen; den Deckel auflegen.

Der Hals kann heiß zu Gemüse oder Kartoffelbrei oder kalt aufgeschnitten zu Toast gereicht werden.

Puten gibt es praktisch in jeder Größe. Für 4 Personen sind die kleinen, zarten Baby-Puten ideal, die natürlich im klassischen RÖMERTOPF® gegart werden-können. Für die großen Tiere, die für 6 - 8 Personen reichen, sollten Sie allerdings den Maxi-RÖMERTOPF® verwenden. Garzeit und Nährwert richten sich nach der Größe der Tiere.
Die Garzeit beträgt je nach Größe 1 1/2 – 2 1/2 Stunden.
Putenfleisch enthält im Durchschnitt 260 kcal = ca. 1.088 kJ pro 100 g.

Die Pute (Truthenne) hat durch die aparte Verschiedenheit ihrer einzelnen Fleischstücke und nicht zuletzt durch ihre Preisgünstigkeit unsere Küche erobert.
Im RÖMERTOPF® entfaltet sie ihr ganz subtiles Aroma, denn er verhindert die Gefahr des Austrocknens beim Garen.

Gebratene Pute
(ergibt 8 Portionen)

Garzeit ca. 2,5 Stunden

1 junge Pute, Salz, frisch gemahlener Pfeffer, 2 EL Butterschmalz, 1/2 l Würfelbrühe.

Nährwert p. P. ca. 350 kcal = 1.465 kJ

Pute innen und außen waschen, trocken tupfen, salzen und pfeffern.
Den gewässerten Maxi-RÖMERTOPF® mit Butterschmalz-Flöckchen auslegen; die Pute darauf geben, mit etwas Schmalz bestreichen; 1 Tasse Brühe angießen, den Topf schließen. Pute alle 30 Minuten mit etwas Würfelbrühe begießen. Das Fleisch ist nicht sehr fetthaltig und darf deshalb nicht knusprig braten! Die Soße verlängern, leicht binden, abschmecken.
Zur Pute reichen Sie Kartoffelgratin und Salate.

Gefüllte Pute

... kann mit jedem für Huhn oder Gänsebraten empfohlenen Farce gefüllt werden.

Gebratene Baby-Pute

Garzeit ca. 1,5 Stunden
1 Pute, Zitronensaft, Salz,
2 Zweige Thymian, 2 EL Butter,
1 kleine Dose Champignons,
1 EL gehackte Petersilie, 1 Tasse Würfelbrühe,
edelsüßes Paprikapulver oder
frisch gemahlener Pfeffer, etwas Speisestärke.
Nährwert p. P. ca. 350 kcal = 1.465 kJ

Die Pute innen und außen mit Zitronensaft und Salz einreiben, in den gewässerten Maxi-RÖMERTOPF® legen; Thymian in die Bauchöffnung stecken und das Fleisch mit zerlassener Butter bestreichen; Pilze und Petersilie zugeben, mit Brühe angießen, den Topf schließen. Zuletzt die Pute mit etwas Fleischsaft beträufeln und noch 10 Minuten überbräunen, dann mit Paprikapulver oder Pfeffer bestreuen. Die Soße mit etwas angerührter Speisestärke leicht binden, nach Geschmack mit Brühe verlängern, nachwürzen.

Zu Pute passt körniger Reis und feines Gemüse wie Erbsen, Spargel, Brokkoli oder Blumenkohl.

Pute mit Kastanienfüllung

(Frankreich)

50 g fetten Räucherspeck würfeln, ausbraten. Esskastanien aus der Dose darin anschmoren, dann klein hacken, mit 2 EL Obstschnaps würzen.

Putenfüllung, klassisch

Herz und Leber der Pute klein schneiden, mit 150 g Rinder-Hackfleisch verkneten, würzen; 250 g zerkleinerte Champignons dazugeben.

Pute Caballero-Art

(Spanien)

1 eingeweichtes, ausgedrücktes Brötchen mit 200 g Tatar vermengen;
mit 5 zerdrückten Wacholderbeeren, Thymian und Majoran pikant abschmecken. Mit Rotwein aufgießen.

Pute mit Pilzen

(Spanien)

Hier werden mit der Pute Caballero-Art in den letzten 30 Minuten noch Steinpilze mitgeschmort (Trockenpilze vorher einweichen).

Pute in Preiselbeersoße

(England)

Die fertige Soße mit sehr viel (bis zu 500 g) Kronsbeer- oder Preiselbeerkompott sowie Südwein – wie Madeira oder Portwein – verändern.

Pute in Gemüsesoße

Garzeit ca. 2,5 Stunden
400 g Rosenkohl, 250 g Champignons,
400 geschälte Tomaten aus der Dose,
1 Zwiebel, 1 Knoblauchzehe, Salz,
frisch gemahlener Pfeffer,
beliebiges Paprikapulver, Suppenwürze,
1 Baby-Pute, 60 g Räucherspeck,
1 Beutel Feinkost-Bratensoße.
Nährwert p. P. ca. 500 kcal = 2.092 kJ

Rosenkohl und Pilze mit den Tomaten in den gewässerten RÖMERTOPF® geben. Zwiebeln und Knoblauch abziehen, hacken und mit den Gewürzen darüber streuen. Die Pute innen und außen salzen und pfeffern und auf das Gemüsebett heben; mit dünnen Speckscheiben belegen. Den Topf schließen. Zum Schluss die Pute warm stellen und das Gemüse mit der Feinkost-Bratensoße vermischen.

Reichen Sie Kartoffelknödel zur Pute.

Geflügel-Tortillas
(Mexiko)

Wie Frühlingsrollen (Rezept Seite 72) bereiten, jedoch für die Füllung 200 g Hühnerbrust in etwas Öl in der Pfanne anbraten, zerkleinern, mit gehackter Zwiebel und Knoblauch mischen und nochmals anbraten. Mit Chili-Chutney, viel Tabasco und Tomatenmark würzen.

Tauben

Zum Braten sollten Sie junge Tiere wählen. Verwenden Sie ältere Tiere, kochen Sie diese 1 Stunde vor.

Tauben mit Füllung, gebraten

Garzeit ca. 1 Stunde

4 Tauben, 2 Brötchen, 2 EL Petersilie, 3 EL Butter, 4 Eier, Salz, frisch gemahlener Pfeffer, geriebene Muskatnuss, 1 1/2 Tassen Würfelbrühe.

Nährwert p. P. ca. 300 kcal = 1.256 kJ

Tauben innen und außen leicht salzen. Brötchen einweichen, ausdrücken und mit den gehackten Taubenherzen und -lebern und der gehackten Petersilie vermischen, kurz in 1 EL Butter anbraten. Mit den Eiern verrühren, mit Salz, Pfeffer und Muskat würzen. Die Tauben damit füllen, vernähen. Übrige Farce in den gewässerten RÖMERTOPF® geben und die Tauben dicht nebeneinander drauf legen; mit 1 Tasse Brühe begießen und mit Butterflöckchen bedecken. Den Topf schließen. Tauben während der Bratzeit mehrmals mit eigenem Saft oder Brühe begießen.

Dazu passen Salzkartoffeln und eine Salatplatte.

Tauben-Topf
(Böhmen)

Garzeit gut 1 Stunde

50 g fetter Räucherspeck, 4 Tauben, 1 Zwiebel, 1 EL gehackte Petersilie, etwas Thymian, etwas abgeriebene Schale von naturreiner Zitrone, Saft von 1/2 Zitrone, Salz, frisch gemahlener Pfeffer, 2 Tassen Brühe, 2 TL Speisestärke.

Nährwert p. P. ca. 250 kcal = 1.046 kJ

Den gewässerten RÖMERTOPF® mit Speckscheiben auslegen; die gewaschenen Tauben teilen, darauf legen. Die geschälte Zwiebel fein reiben und mit Kräutern, Zitronensaft und -schale, Salz, Pfeffer und 1 Tasse Brühe vermischen; darüber gießen. Den Topf schließen. Soße vor dem Servieren noch einmal abschmecken und leicht mit Speisestärke – in der übrigen Brühe anrühren – binden. Verfeinern können Sie den Tauben-Topf, wenn Sie 1 Tasse Weißwein verwenden und mit Butterflöckchen binden.

WENN FEINES PREISWERT SEIN SOLL: SCHNELLE GERICHTE MIT HACKFLEISCH

Hackfleisch wird in unseren Küchen immer beliebter. Es ist preiswert, schnell anzurichten und verbindet sich bei längerem Garen ideal mit dem Aroma der anderen Zutaten.
Eine kleine Auswahl von Hackfleisch-Köstlichkeiten und leckere Variationen finden Sie auf den folgenden Seiten.
Besonders schmackhaft aus dem RÖMERTOPF®.

Natürlich können Sie auch das Fleisch von anderen als den von uns in den Rezepten vorgeschlagenen Tieren verwenden. Die Garzeit bleibt jeweils gleich. Allerdings ändert sich der Nährwert: Es enthalten: mageres Rinder-Hackfleisch 120 kcal = 502 kJ, gemischtes Hackfleisch 316 kcal = 1.324 kJ und das vom Schwein sogar 540 kcal = 2.260 kJ. Es handelt sich dabei um Durchschnittswerte je 100 g.

Omas bester Hackbraten

Garzeit ca. 75 Minuten

1 Brötchen, 600 g gemischtes Hackfleisch, 1 großes Ei, 50 g durchwachsener Räucherspeck, 1 EL Butter, 1 große Zwiebel, Salz, frisch gemahlener Pfeffer, Majoran, 1 Schweine-Netz (gibt es bei guten Fleischern, es geht jedoch auch ohne), 3 Tassen Würfelbrühe, 2 EL fein geschnittene Petersilie, 2 TL Mehl, 2 EL saure Sahne.

Nährwert p. P. ca. 350 kcal = 1.464 kJ

Das Brötchen einweichen, dann ausdrücken. Mit dem Fleisch und dem Ei verkneten, Speck würfeln, in der Butter goldbraun ausbraten, die fein geschnittene Zwiebel dazugeben. Mit in den Fleischteig kneten, mit Salz, Pfeffer und Majoran würzen. Oval formen, in das warm gewaschene, ausgebreitete Schweinenetz hüllen. Das macht den Hackbraten besonders saftig. In den gewässerten RÖMERTOPF® legen, mit 1 Tasse Brühe umgießen, Topf schließen. In den letzten 25 Minuten den Deckel entfernen, noch erwärmte Brühe zugießen. Fertige Soße nach Belieben mit Brühe kochen, mit dem mit der sauren Sahne verrührten Mehl binden, mit Salz und Pfeffer abschmecken, Petersilie unterheben.

Hackbraten mit Käse

(Holland)

Garzeit ca. 75 Minuten

1 Brötchen, 600 g gemischtes Hackfleisch, 2 Eier, 1 große Zwiebel, 1 Knoblauchzehe, Salz, frisch gemahlener Pfeffer, etwas abgeriebene Schale von naturreiner Zitrone, 125 g Gouda, 1 EL gehackte Petersilie, 30 g fetter Speck, 1 Tasse Brühe, 1 Fleischtomate, 2 TL Speisestärke.

Nährwert p. P. ca. 600 kcal = 2.511 kJ

Das Brötchen einweichen, gut ausdrücken; mit dem Hackfleisch sowie 1 Ei und 1 Eidotter verkneten; die Zwiebel häuten, hacken, Knoblauch pressen, beides zugeben. Mit Salz, Pfeffer und Zitronenschale würzen. Den Käse fein würfeln, mit der Petersilie untermischen. Aus der Masse einen länglichen Kloß formen und in den gewässerten RÖMERTOPF® legen; mit dem übrigen Eiweiß bepinseln, mit dünnen Speckstreifen belegen, Topf schließen. Zum Schluss heiße Brühe angießen und die geschälte, gewürfelte Tomate dazugeben. In den letzten 10 Minuten im offenen Topf überbräunen. Die Soße abschmecken, mit angerührter Speisestärke binden.

Hackbraten
(Schweiz)

In die Mitte vom Hackfleisch-Kloß 2 hart gekochte Eier legen. Den Fleischteig mit gehackten Sardellen würzen. Auf den Speck verzichten, den Braten mit Butterflöckchen und Semmelbröseln überkrusten.

Hackbraten
(Ungarn)

Nur 500 g Hackfleisch und dazu 500 g vorbereitete, in Streifen geschnittene Paprikaschoten verwenden. Paprikastreifen und Zwiebeln werden vor dem Einkneten in Schweineschmalz angeschmort. Den Fleischteig pikant mit mildem und scharfem Paprikapulver würzen.

Hackfleisch mit Joghurt
(Östliches Mittelmeer)

Garzeit ca. 45 Minuten

600 g mageres Rinder- oder Lammhack, Salz, frisch gemahlener Pfeffer, 2 Zwiebeln, 4 EL Öl, 2 EL gehackte Petersilie, 2 Tomaten, mindestens 2 Knoblauchzehen, 2 Kartoffeln, 2 Eier, 200 g Vollmilch-Joghurt, etwas Kreuzkümmel.

Nährwert p. P. ca. 450 kcal = 1.883 kJ

Das Hackfleisch mit Salz, Pfeffer und den gehackten Zwiebeln vermengen, in der Pfanne mit Öl anbraten und in den gewässerten RÖMERTOPF® geben; mit Petersilie und Tomatenwürfeln sowie gehacktem Knoblauch bestreuen. Kartoffeln schälen, grob reiben, unterheben. Die übrigen Zutaten verquirlen, salzen und pfeffern, darüber gießen. Den Topf schließen.

Reichen Sie dazu Fladenbrot.

Hackfleischsoße „Bolognese“
(Italien)

Wer glaubt, dass die so gerne – und leider oft unzulänglich – zubereitete Hackfleisch-Soße ein Schnellgericht sei, wird staunen: In Italien, ihrer Heimat, kochte man sie noch in jüngster Zeit auf dem Land über Nacht. Das brauchte natürlich Aufsicht und die älteste Frau der Familie wachte über Topf und Herd. Die ganze Nacht muss nicht sein, um die würzige Soße zur Vollendung zu köcheln. Mindestens 2 Stunden aber sollten Sie ihr gönnen. Ihr idealer „Aufpasser“ ist der RÖMERTOPF®. Verblüffen und begeistern Sie Familie und Freunde mit der „neuen“ Soße Bolognese.

Garzeit 2 bis 3 Stunden bei 180 °C

1 Bund Suppengemüse, 1/4 Stange Sellerie, 1 Zwiebel, 2 Knoblauchzehen, 50 g durchwachsener Räucherspeck, 2 EL Olivenöl, 250 g Rinder-Hackfleisch, 1 EL Mehl, 1/2 TL Trockenkräuter-Mischung der Provence (oder gemischte frische Kräuter mit Thymian, Rosmarin und Salbei), Salz, Pfeffer, 1 große Dose geschälte Tomaten.

Nährwert p. P. ca. 350 kcal = 1.464 kJ

Suppengemüse und Sellerie vorbereiten, Zwiebel und Knoblauch häuten und hacken. Speck in feine Würfel schneiden und in der Pfanne mit Öl scharf anbraten, alles Gemüse und das Hackfleisch dazugeben, unter Zerpflücken anbraten; mit Mehl bestäuben, in den gewässerten RÖMERTOPF® geben. Alle anderen Zutaten untermischen, den Topf schließen. Nach Bedarf etwas Brühe zugießen.

Ideal zu Teigwaren, aber auch zu Reis oder Polenta.

Frühlingsrollen
(China)

Garzeit ca. 45 Minuten
1 Stunde Vorbereitung
200 g Rinder-Hackfleisch,
100 g beliebige Pilze,
150 g Bambussprossen,
125 g Weißkohl,
Salz, 2 EL Öl,
1 1/2 EL Sojasoße, etwas Tabasco,
2 EL Weinbrand,
1 EL Mehl für die Füllung.
Außerdem 2 Tassen Mehl,
1 Tasse Wasser,
2 große Eier, Salz,
frisch gemahlener Pfeffer,
etwas Zucker für den Teig,
Öl zum Ausbacken,
1 EL Sojasoße.
Nährwert p. P. je nach Menge des Bratfetts.

Fleisch in feine Streifen schneiden, mit den geschnittenen Pilzen, den Bambussprossen und dem zerkleinerten Kohl vermengen, salzen. Aus Öl, Sojasoße, Tabasco und Weinbrand eine pikante Würzsoße rühren, mit Fleisch und Gemüse mischen, das Mehl unterrühren; mindestens 1 Stunde durchziehen lassen. Aus Mehl, Wasser, den Eiern, Salz, Pfeffer und Zucker inzwischen einen geschmeidigen Teig rühren; daraus in der Pfanne in heißem Öl Omeletts backen. Vorsichtig mit der Füllung belegen, einrollen.
Die Frühlingsrollen dicht nebeneinander in den gewässerten RÖMERTOPF® legen. Falls noch Öl übrig ist, darüber träufeln. Nach 15 Minuten wenig in warmen Wasser angerührte Sojasoße zugießen; die Rollen im offenen Topf überbräunen.

Hack-Rolle
(Indonesien)

Garzeit ca. 1 Stunde
100 g fein gehackter roher Schinken, 2 Eier, 400 g Schweine-Hackfleisch, 2 EL Rosinen, Salz, frisch gemahlener Pfeffer, 2 EL Tomatenmark, 2 EL Tomatenketchup, 100 g kräftig gewürzte Würstchen, 1/4 l Brühe.
Nährwert p. P. ca. 750 kcal = 3.138 kJ

Ein Ei hart kochen. Den Schinken mit Hackfleisch, Rosinen, Salz, Pfeffer, Tomatenmark und Ketchup sowie dem zweiten Ei zu einem pikanten Teig verkneten; platt drücken, in die Mitte die Würstchen und das geschälte Ei legen; den Fleischteig herausformen und in den gewässerten RÖMERTOPF® legen; mit Brühe angießen und den Topf schließen.

Bohnen-Zwiebel-Topf
(Serbien)

Garzeit ca. 2 Stunden bei 180 °C
Bohnen 12 Stunden einweichen.
200 g getrocknete weiße Bohnen,
500 g Zwiebeln, 4 Knoblauchzehen,
3 EL Olivenöl, 1/2 Lorbeerblatt,
1 Paprikaschote, 400 g Rinder- oder Lammhack, Salz, reichlich Paprikapulver,
1 EL gehackte Petersilie.
Nährwert p. P. ca. 550 kcal = 2.300 kJ

Die Bohnen 12 Stunden einweichen und mit dem Einweichwasser in den gewässerten RÖMERTOPF® geben. Die Zwiebeln häuten, in dicke Ringe schneiden, mit den gehackten Knoblauchzehen im Öl kurz anschmoren, dann zu den Bohnen geben. Das Lorbeerblatt zerbrechen, untermischen. Die vorbereitete Paprikaschote klein schneiden, mit dem Hackfleisch vermischen. Salzen und gut mit Paprika schärfen, die Petersilie unterkneten. Auf den Zwiebeln verteilen. Den Topf schließen.

Würzfleisch

(Pakistan)

Garzeit ca. 1,5 Stunden
500 g Rinder-Hackfleisch, 2 EL Öl,
1 Zwiebel, ca. 10 Perlzwiebeln,
1 Bd Frühlingslauch, 1 Bd Lauch,
2 Knoblauchzehen, 1 Msp Safran,
2 EL Sojasoße, je 1 kleine Prise Zimt und
Nelkenpulver, 200 g Vollmilch-Joghurt.
Nährwert p. P. ca. 300 kcal = 1.255 kJ

Das Hackfleisch im Öl mit den geachtelten Zwiebeln, Perlzwiebeln, Knoblauchzehen und Frühlingslauch-Ringen anbraten, dann in den lt. Vorwort gewässerten RÖMERTOPF® geben; mit den Gewürzen bestreuen, mit 1 Tasse Wasser und dem Joghurt aufgießen. Den Topf schließen. Sehr scharf abschmecken oder Chilis mit in den RÖMERTOPF® geben. Würzfleisch mit Fladenbrot reichen.

Kohlrouladen

Garzeit ca. 70 Minuten
Äußere Blätter und das Herz eines
Weißkohlkopfes, 375 g gemischtes
Hackfleisch, 1 Ei, 1 Zwiebel, Salz, frisch
gemahlener Pfeffer, geriebene Muskatnuss,
gehackte Petersilie, 1/4 l Würfelbrühe,
2 TL Speisestärke, 100 g saure Sahne.
Nährwert p. P. ca. 400 kcal = 1.674 kJ

Vorsichtig die äußeren Blätter eines Kohlkopfes ablösen; gut waschen und mit kochendem Wasser überbrühen. Die dicken Rippen etwas dünner schneiden, damit sie beim Einrollen nicht stören.
Ca. 250 g von den inneren Kohlteilen im Mixer zerkleinern; mit dem Hackfleisch verkneten; mit Ei, gehackter Zwiebel, Salz, Pfeffer, Muskat und Petersilie zu einem Fleischteig mischen.
Je 2 Kohlblätter überlappend nebeneinander legen; 3 EL Füllung in die Mitte geben; zusammen rollen und mit weißem Baumwollgarn binden; in den lt. Vorwort gewässerten RÖMERTOPF® legen. Mit der Brühe begießen und den Topf schließen. Die Soße mit der in saurer Sahne verquirlten Speisestärke binden, abschmecken.

Dazu passen Salzkartoffeln.

Kohlrouladen in Tomatensoße

(Österreich)

Statt anderer Flüssigkeit 1 kleine Dose geschälte Tomaten um das Fleisch gießen.

Moussaka
(Griechenland)

Garzeit ca. 1 Stunde
800 g Auberginen, Salz, 2 Zwiebeln,
3 EL Olivenöl, 600 g Lamm-Hackfleisch,
1 kleine Dose geschälte Tomaten,
1/8 l Weißwein, frisch gemahlener Pfeffer,
etwas Zucker und Zimt, Oregano,
2 EL gehackte Petersilie, 100 ml Milch,
2 EL Semmelbrösel, 100 ml Sahne,
50 g geriebener Käse, 1 EL Mehl,
2 EL Zitronensaft, 2 Eidotter, 40 g Butter,
geriebene Muskatnuss.
Nährwert p. P. ca. 600 kcal = 2.510 kJ

Gewaschene Auberginen von den Enden befreien, in dicke Scheiben schneiden, mit Salz bestreuen.
10 Minuten liegen lassen, dann unter fließend kaltem Wasser abspülen und so die Bitterstoffe entfernen. Inzwischen Zwiebeln häuten, hacken und in der Pfanne mit Öl anbraten; das Hackfleisch beigeben, kurz anbräunen (dabei bewegen), mit den Tomaten und dem Wein aufgießen; kräftig mit Pfeffer, Salz, Zucker, Zimt, Oregano und Petersilie würzen. Die Semmelbrösel mit dem Käse vermischen; Milch und Sahne zum Kochen bringen, mit Zitronensaft, Salz und Pfeffer würzen, unter Rühren den Käse darin auflösen. Vorsichtig mit Muskat abschmecken, mit den in Wasser und Mehl verquirlten Eidottern binden. Den gewässerten RÖMERTOPF® mit Butter ausstreichen, schichtweise Auberginenscheiben, Fleischsoße und weiße Soße einfüllen. Mit Butterflocken bestreuen, den Topf schließen.

Zu Moussaka gehört Fladenbrot oder Weißbrot.

Lamm-Auberginen-Topf
(Nordafrika)

Garzeit ca. 1 Stunde
1 Tasse Reis, 2 Tassen Würfelbrühe,
2 EL Zitronensaft, 600 g Auberginen, Salz,
5 EL Öl, 3 Zwiebeln, 3 Knoblauchzehen,
600 g Lammhack, frisch gemahlener Pfeffer,
etwas Pfefferminze, etwas Kurkuma,
etwas Zimt.
Nährwert p. P. ca. 500 kcal = 2.092 kJ

Den Reis mit Brühe und Zitronensaft in den lt. Vorwort gewässerten RÖMERTOPF® geben, Deckel auflegen. Die Auberginen vorbereiten - wie beim Moussaka beschrieben. Sehr gut trocken tupfen, dann im Öl von beiden Seiten anbraten. Nach etwa 10 Minuten zum Reis geben. In der Pfanne im gleichen Fett die enthäuteten, gehackten Zwiebeln und Knoblauchzehen anschmoren. Sie werden mit dem Hackfleisch verknetet. Die Masse mit Salz, Pfeffer, etwas Minze, Kurkuma und Zimt pikant abschmecken, nach weiteren 10 Minuten auf den Auberginen verteilen.
10 Minuten vor Garende den Deckel abnehmen.

Nudelauflauf Pastitsio
(Griechenland)

Garzeit ca. 45 Minuten
250 g beliebige Nudeln, Salz, 2 Zwiebeln,
2 Knoblauchzehen, 2 große Tomaten,
2 EL Olivenöl, 2 EL Mehl,
400 g Rinder- oder Lammhack, 1/8 l Milch,
1/8 Weißwein, geriebene Muskatnuss,
edelsüßes Paprikapulver, etwas Zimt,
30 g Butter, 100 g Schafskäse.
Nährwert p. P. ca. 600 kcal = 2.510 kJ

Nudeln in reichlich Salzwasser nicht zu weich kochen. Indessen alles Gemüse vorbereiten und in der Pfanne mit Öl anbraten; das Hackfleisch dazugeben, unter ständigem Zerpflücken anbräunen; mit dem Mehl bestäuben. Mit Milch und Wein aufgießen, mit Salz, Muskat, wenig Paprika und Zimt abschmecken. Den gewässerten RÖMERTOPF® ausbuttern, schichtweise gut abgetropfte Nudeln und Fleischsoße einfüllen. Mit dem zerbröckelten Schafskäse und Butterflöckchen bedecken, den Topf schließen.

Schmackhafte Beilage sind Salate.

Das Rezept für den köstlichen

Hackfleischkuchen pikant

finden Sie auf Seite 141.

Augsburger Laubfrösche

Garzeit ca. 35 Minuten
1 Brötchen, 1/2 Tasse Milch,
400 g Rinder-Hackfleisch,
16 große Spinatblätter, 1 Ei,
1 kleine Zwiebel, 1 TL gehackte Petersilie,
Salz, frisch gemahlener Pfeffer,
geriebene Muskatnuss, 80 g Butter,
1 Tasse Brühe.
Nährwert p. P. ca. 350 kcal = 1.464 kJ

Brötchen würfeln, in lauwarmer Milch einweichen. Spinatblätter mit kochendem Wasser überbrühen, dann mit kaltem Wasser abbrausen. Auf Küchenkrepp ausbreiten und trocken tupfen. Hackfleisch mit dem ausgedrückten Brötchen, Ei und gewürfelter Zwiebel verkneten, mit Salz, Pfeffer und Muskat würzen. Je 2 Spinatblätter zusammen legen, die Hackmasse darauf verteilen. Die Blätter zusammenrollen und evtl. mit weißem Baumwollgarn zusammenbinden. In der Pfanne in erhitzter Butter anschmoren. Dann in den gewässerten RÖMERTOPF® legen. Mit der Brühe umgießen, mit Butterflöckchen bestreuen. Topf schließen. Evtl. den Bratensatz mit Brühe loskochen, leicht binden, abschmecken.

Dazu: Kartoffelpüree oder Teigwaren.

Gefüllte Tomaten

und anderes Gemüse wie Paprikaschoten, Gurken, Auberginen, Zwiebeln, Kohlrabi sind überall in Europa gebräuchlich.

Garzeit ca. 1 Stunde

750 g gleich große Tomaten,
500 g Rinderhack (kann auch ganz oder teilweise durch klein geschnittene Bratenreste ersetzt werden),
1 Zwiebel, 1 Eigelb, Salz,
frisch gemahlener Pfeffer,
1 Knoblauchzehe,
200 g saure Sahne.

Nährwert p. P. ca. 550 kcal = 2.300 kJ

Tomaten waschen, vom Stielansatz befreien, ein Käppchen abschneiden und Früchte aushöhlen. Das Fruchtfleisch mit dem Hackfleisch, der gehackten Zwiebel und Eidotter mischen; mit Salz, Pfeffer und Knoblauch würzen, in die Tomaten füllen. Die Tomaten in den gewässerten RÖMERTOPF® legen, mit der gesalzenen sauren Sahne begießen. Die „Deckelchen" kleinschneiden und dazugeben, den Topf schließen.

Gut schmecken dazu Salzkartoffeln, Kartoffelbrei oder Reis.

Gefüllte Äpfel

sind eine besonders delikate Vorspeise.

Dazu säuerliche Äpfel schälen, das Kernhaus ausstechen. Rinder-Hackfleisch mit einer Prise Zucker, etwas Sojasoße, 1 feingehackte Gewürzgurke, geriebener Zwiebel, Semmelbröseln, 1 Eidotter zur pikanten Masse verkneten, in die Äpfel füllen; in den gewässerten RÖMERTOPF® geben.
Übrige Fleischfarce als Hauben darauf schichten, mit Butterflöckchen belegen.

Zur Vorspeise reichen Sie Toast und Butter.

Hackbällchen in Tomatensoße

(Östliches Mittelmeer)

Garzeit gut 45 Minuten

600 g Lamm-Hackfleisch, Paprikapulver,
Salz, Pfeffer, Muskat,
je 1 Prise Kardamom und Zimt,
1 TL abgeriebene Schale von naturreiner Zitrone, 1 Eigelb, 2 EL Rosinen,
4 EL gemahlene Mandeln, 2 Zwiebeln,
2 Knoblauchzehen, 2 EL Öl, 2 EL Mehl,
1 große Dose geschälte Tomaten.

Nährwert p. P. ca. 500 kcal = 2.092 kJ

Das Hackfleisch mit den Gewürzen, Zitronenschale, Eigelb, Rosinen und 2 EL Mandeln zu einer sehr pikanten, festen Masse verkneten. Zwiebeln und Knoblauch häuten, hacken, im Öl in der Pfanne anrösten und mit Mehl bestäuben. Die Tomaten dazugeben, unter rühren, kurz aufkochen; in den gewässerten RÖMERTOPF® geben. Aus dem Hackfleisch Bällchen formen, gut zusammendrücken, in den übrigen Mandeln wenden, in die Soße legen. Den Topf schließen.

Dazu gehört Reis oder Kuskus.

MEHR AUS DEM MEER: FISCH, ZART AUS DEM RÖMERTOPF®

Fisch aus dem RÖMERTOPF® – speziell aus dem Fisch-RÖMERTOPF® – ist eine feine Sache.
Bedenken, dass er dort viel zu lange gart, müssen nicht sein. Dies zeigen die Grundrezepte und Kochvorschläge für viele mitteleuropäische Spezialitäten. Ein Vorteil ist klar: Beim Garen im geschlossenen Tontopf entsteht kein Fischgeruch. Weil nur in einem Minimum an Flüssigkeit gegart wird, bleibt das Fisch-Aroma voll erhalten.

RÖMERTOPF®-Fans werden sich bald einen speziellen Topf zur Bereitung bester Fischgerichte wünschen. Er ist ein Muss für alle Genießer. Flacher und länger und besonders attraktiv im Design, ist er mit der porösen Innenglasur im Unterteil sogar spülmaschinen-freundlich. Der Normal-Fisch-RÖMERTOPF® ist richtig für 2 - 4 Portionen, soll es mehr sein, ist der Superfisch-RÖMERTOPF® ideal.
Fisch sollte immer unter fließendem Wasser gewaschen, also keinesfalls in Wasser gelegt werden.
Er wird fester, würziger und weißer, wenn man ihn danach mit Zitronensaft beträufelt. Das bindet auch den Geruch. Bitte erst unmittelbar vor dem Zubereiten salzen, sonst wird er trocken.
Hier ein paar Rezepte, auch für besondere Fischarten zugeschnitten.

Aal Burgunder Art

(Frankreich)

Garzeit ca. 45 Minuten

600 g Aal, 2 Zwiebeln, 2 Knoblauchzehen, einige Pfefferkörner, 2 EL gemischte gehackte Kräuter, 1/2 TL Trockenkräuter-Mischung der Provence, 1 EL beliebige Pilze, Salz, 1/2 l Rotwein, 2 EL Weinbrand, 1 EL Butter, 1 EL Mehl, 2 EL gehackte Petersilie.

Nährwert p. P. ca. 600 kcal = 2.510 kJ

Den Aal waschen, in ca. 6 cm lange Stücke schneiden. Zwiebeln und Knoblauch abziehen, in Scheiben schneiden; mit Pfefferkörnern und Kräutern in den gewässerten RÖMERTOPF® geben. Die Pilze und Fischstücke darauf verteilen, leicht salzen. Wein dazugießen, die Form schließen. Gegarte Fischstücke vorsichtig heraus heben, warm stellen. Den Sud durchsieben und Weinbrand dazugeben; mit Butterflöckchen und dem in etwas Wasser angerührten Mehl binden, nachschmecken, die Petersilie unterheben. Zum Fisch servieren.
Dazu passen Reis oder Butternudeln.

Barsch mit Tomaten

(Belgien)

Garzeit ca. 70 Minuten

1 Goldbarsch (oder anderer Fisch im Ganzen) von ca. 1.000 g, 1 Zitrone, 50 g magerer Räucherspeck, 1 Zwiebel, 1 EL Öl, 250 g Champignons, Salz, 6 Tomaten, 1 EL Butter.

Nährwert p. P. ca. 400 kcal = 1.674 kJ

Den kopflosen Fisch innen und außen gut waschen, mit Zitronensaft beträufeln; 10 Minuten durchziehen lassen. Den Speck und die enthäutete Zwiebel würfeln, in der Pfanne im Öl schmoren; geviertelte Pilze dazugeben, kurz mit andünsten. Diese Mischung auf dem Boden des gewässerten RÖMERTOPFS® verteilen, salzen und den Fisch darauf legen. Die Tomaten vom Kerngehäuse befreien, mit kochendem Wasser überbrühen und enthäuten, um den Fisch legen, leicht salzen. Mit Butterflöckchen besetzten, Topf schließen.

Dazu passen Salzkartoffeln, Reis oder Kartoffelbrei.

Forelle, überbacken

(Österreich)

Garzeit ca. 50 Minuten

4 Forellen, 30 g Butter, 1/4 l Weißwein, 250 g Champignons, 4 EL fein gehackte Petersilie, Salz, frisch gemahlener Pfeffer, 4 EL Semmelbrösel, 2 EL geriebener Käse.

Nährwert p. P. ca. 300 kcal = 1.255 kJ

Forellen außen dick mit Butter einstreichen, in den gewässerten RÖMERTOPF® legen und mit Weißwein begießen; Pilze scheibeln und mit der Petersilie darüber streuen, salzen, pfeffern. Semmelbrösel und geriebenen Käse vermischen, auf die Fische geben. Mit Flocken der übrigen Butter besetzen. Topf schließen. Deckel für die letzten 10 Minuten der Garzeit abnehmen.

Zur Forelle schmecken Weißbrot u. Salat.

Sardellen-Hecht
(Schweden)

Garzeit ca. 60 Minuten
1 Hecht, 50 g magerer Räucherspeck,
Sardellenpaste aus der Tube,
250 g saure Sahne,
3 EL gehackte Petersilie.
Nährwert p. P. ca. 350 kcal = 1.465 kJ

Den Fisch vorbereiten und mit feinen Speckstreifen spicken; innen dick und außen ganz zart mit Sardellenpaste bestreichen. In den gewässerten RÖMERTOPF® legen. Mit Sahne begießen, mit Petersilie bestreuen und Topf schließen. Den Fisch vor dem Servieren mit Zitronenscheiben garnieren.

Essen Sie den Hecht mit Salzkartoffeln und Tomatenketchup.

Paprika-Karpfen
(Ungarn)

Garzeit ca. 1 Stunde
1 großer Karpfen, Rosenpaprika, Salz,
2 große Zwiebeln, 1 rote Paprikaschote,
1 EL Schweineschmalz, 1/8 l Rotwein,
4 EL Tomatenmark, 250 g saure Sahne,
1 naturreine Zitrone.
Nährwert p. P. ca. 350 kcal = 1.465 kJ

Den Karpfen, falls nicht vor dem Einkauf geschehen, schuppen und ausnehmen, den Kopf entfernen. Von beiden Seiten mit Rosenpaprika und Salz bestreuen. Auf dem Herd die Soße herstellen. Dazu die Zwiebeln enthäuten und würfeln. Die Paprikaschote von Stielansatz und weißen Innenhäuten befreien, klein schneiden. Beides in Schmalz anbraten. Mit dem Rotwein ablöschen. Das Tomatenmark und die saure Sahne einrühren, mit 1 EL scharfem Paprika und Salz und etwas abgeriebener Zitronenschale würzen, in den Topf geben. Den Karpfen dazugeben. 10 Minuten vor Ende den Deckel öffnen. Vor dem Servieren den Karpfen mit Zitronensaft beträufeln.

Den Fisch zu Kartoffeln und Salat reichen.

Hamburger Schollen
(Norddeutschland)

Garzeit ca. 60 Minuten
1.000 g Schollen, Zitronensaft, Salz,
50 g Butter, 250 g TK-Erbsen, 4 Tomaten,
1 EL gehackter Dill, etwas Estragon,
etwas Zucker, 1 EL Mehl, 1/4 l Milch,
frisch gemahlener Pfeffer,
geriebene Muskatnuss.
Nährwert p. P. ca. 400 kcal = 1.674 kJ

Die Schollen mit Zitronensaft und Salz würzen und in den gewässerten RÖMERTOPF® legen. Mit 1 EL Butterflöckchen belegen; die Erbsen und die enthäuteten halbierten Tomaten dazulegen, mit Dill. Estragon und Zucker bestreuen. Den Topf schließen. In den letzten 20 Minuten Bechamelsoße mit garen. Dazu auf dem Herd aus der übrigen Butter und Mehl eine helle Schwitze bereiten; rühren und mit Milch aufgießen. Mit Salz, Pfeffer und Muskat abschmecken, etwas einkochen lassen, über die Fische geben.

Dazu passen Salzkartoffeln und Salat.

Thunfisch, gespickt und mariniert

(Frankreich)

Garzeit ca. 45 Minuten
Fisch 3 Stunden vorher einlegen.
4 Scheiben frischer Thunfisch à 200 g, 10 Sardellenfilets, 1 Zitrone, 1 Tasse Weißwein, Salz, einige Pfefferkörner, 1/2 TL Trockenkräuter-Mischung der Provence, 1 Lorbeerblatt, 1 kleine Zwiebel, 1 Knoblauchzehe, 4 EL Olivenöl, 1 kleine Dose geschälte Tomaten.
Nährwert p. P. ca. 400 kcal = 1.674 kJ

Den Fisch waschen und mit Streifen von Sardellenfilets spicken. Aus Zitronensaft, Wein, Salz, Pfefferkörnern, den Kräutern, Lorbeerblatt, enthäuteter Zwiebel und Knoblauch eine Marinade bereiten, den Fisch 3 Stunden darin einlegen. Dann gut abtropfen lassen, trocken tupfen. In der Pfanne im Öl kurz anbraten. Die Tomaten in den lt. Vorwort gewässerten RÖMERTOPF® geben, den Fisch darauf legen. Mit der Marinade begießen. Den Topf schließen.

Essen Sie den Thunfisch mit Weißbrot.

Thunfisch, überbacken

(Italien)

Garzeit ca. 40 Minuten
600 g reife Tomaten, 4 Scheiben frischer Thunfisch à 200 g, Salz, 4 EL Olivenöl, je 3 EL gehackte Petersilie, Kapern, Scheiben von gefüllten Oliven, 2 EL geriebene Mandeln, 2 EL Semmelbrösel.
Nährwert p. P. ca. 400 kcal = 1.674 kJ

Vorbereitete Tomatenscheiben in den gewässerten RÖMERTOPF® legen und die gewaschenen Fischstücke darauf geben, salzen und mit Öl beträufeln. Petersilie, Basilikum, Kapern und Oliven darüber verteilen. Mit Mandeln vermischte Semmelbrösel einstreuen.

Geben sie dazu knuspriges Weißbrot und frischen Salat.

Tintenfisch mit Erbsen

(Italien)

Garzeit ca. 2,5 Stunden, dazu Vorbereitung!
600 g (bei uns TK-) Tintenfisch, 2 Knoblauchzehen, 2 EL Olivenöl, 2 EL gehackte Petersilie, 1 scharfes Pfefferschötchen, Salz, frisch gemahlener Pfeffer, 1/4 l Rotwein, 1/2 Dose geschälte Tomaten, 400 g (evtl. TK-) Erbsen.
Nährwert p. P. ca. 300 kcal = 1.255 kJ

Den Tintenfisch gut waschen, zerkleinern. TK-Ware auftauen lassen. Knoblauch schälen und fein hacken, in der Pfanne im Öl anschmoren. Den Fisch dazugeben, anbraten, dann alles in den gewässerten RÖMERTOPF® füllen. Mit Petersilie und dem gehackten Pfefferschötchen bestreuen, salzen, pfeffern. Den Wein und die Tomaten dazugeben, Topf schließen. Zwei Mal erwärmte Flüssigkeit nachgießen. Nach 2 Stunden die Erbsen unterheben.

Das fertige Gericht abschmecken und mit Weißbrot servieren.

Tintenfisch in Wein
(Griechenland)

Garzeit ca. 1 Stunde
Vorbereitung!

Die, wie im Rezept Tintenfisch mit Erbsen beschriebenen, vorbereiteten Tintenfische und Knoblauch in der Pfanne mit Öl anbraten. Im RÖMERTOPF® mit Weißwein bedecken, Tomatenmark, Majoran, Thymian und gehackte Petersilie untermischen, mit Salz, Paprikapulver und etwas Zucker würzen.

Dazu passen Weißbrot oder Reis.

Den subtilen Geschmack von Süßwasserfisch bringt dieses Rezept voll zur Geltung:

Fischfilet „Baden-Baden"
(Süddeutschland, Schweiz)

Garzeit ca. 45 Minuten
800 g Filet (möglichst Süßwasserfisch),
1 Zwiebel, 250 g beliebige Pilze,
2 EL gemischte gehackte Kräuter (evtl TK),
125 g Frühstücksspeck in dünnen Scheiben,
1/4 l Weißwein, 1 Knoblauchzehe, Salz,
frisch gemahlener Pfeffer, 3 Gewürzkörner,
Saft von 1/2 Zitrone, 50 g geriebener Käse,
2 EL gehackte Petersilie, 2 EL Butter.
Nährwert p. P. ca. 550 kcal = 2.300 kJ

Fisch abbrausen und in den gewässerten RÖMERTOPF® legen. Die Zwiebeln enthäuten, in feine Ringe schneiden, darauf geben. Die Pilze vorbereiten, scheibeln, darüber verteilen. Mit den Kräutern bestreuen. Den Speck in Streifen schneiden, darauf legen. Den Wein mit gepresstem Knoblauch, Salz und Pfeffer verrühren, darüber gießen. Gewürzkörner zugeben. Mit Zitronensaft beträufeln. 10 Minuten vor Ende der Garzeit den mit Petersilie gemischten Käse überstreuen, mit Butterflöckchen belegen. Den Topf nun offen lassen.

Dazu schmecken Buttertoast und viel frischer Salat.

Gedünsteter Fisch

Richtig gedünstet wird Fisch so: Essig, Salz, Ringe einer Zwiebel, 2 Gewürznelken, 1 Lorbeerblatt und etwas zerkleinertes Suppengemüse mit 1 Tasse Wasser mischen. Diesen Sud auf dem Herd 20 Minuten köcheln lassen; bei Bedarf etwas Wasser nachgießen. Leicht abgekühlten Sud durchsieben und in den gewässerten (Fisch-) RÖMERTOPF® gießen; evtl. mit Wasser auffüllen bis die Flüssigkeit 1 cm hoch steht. Den Fisch darauf geben. Gut 1/2 Stunde Garzeit gibt Dünst-Fisch unvergleichbaren Wohlgeschmack.

Vorschlag für Fischgenießer:
Den vorgekochten Sud mit Weißwein aufgießen. 700 g Kochfisch hinein geben; mit Butterflöckchen belegen. Wenn Sie Fisch mit zerlassener Butter reichen wollen, probieren Sie doch folgendes: Den gewürzten Fisch ganz ohne Flüssigkeitszugabe nur mit 50-100 g Butter und Kräutern in den gewässerten RÖMERTOPF® legen und dünsten. So bleiben Saft und volles Aroma erhalten; nichts verkocht in der Brühe, die ja meist nicht weiter verwendet wird.

TIPP: Fisch sollten sie bei nur 180 Grad Backofentemperatur im (Fisch-) RÖMERTOPF® garen. Das Fleisch bleibt dann zarter.

Für alle folgenden Rezepte können Sie Fischfilet Ihrer Wahl bzw. nach dem günstigsten Angebot verwenden. Unsere ungefähren Nährwert-Angaben können dabei je nach Fischsorte etwas schwanken.

Schmorfisch

Hier können Sie bei verringerter Verwendung von Butter und Sahne Kalorien einsparen!

Schmorfisch Pfarrhaus-Art

Garzeit ca. 30 Minuten

Ca. 800 g Fischfilet, 1 Zitrone, frisch gemahlener weißer Pfeffer, 3 Schalotten, 200 g vorbereiteten Spargel, evtl. TK-Ware, 1 EL Kapern, 1 EL Kapern-Flüssigkeit, 1 EL Butter, Gewürzgürkchen, 200 g Sahne, 1 Eidotter.

Nährwert p. P. ca. 430 kcal = 1.800 kJ

Schalotten vorbereiten, in Ringe schneiden. Mit dem in Stücke geschnittenen Spargel vermischen, in den RÖMERTOPF® geben. Fisch darauf legen, mit den Kapern, den gewürfelten Gürkchen und der Hälfte der Sahne bedecken, salzen, Topf schließen. Vorsichtig mit der übrigen, mit der Speisestärke angerührten, Sahne die Soße verlängern, mit Salz, Pfeffer und evtl. noch Gurkenmarinade abschmecken.

Beilagen: Salzkartoffeln oder Reis.

Schmorfisch, mariniert

Garzeit ca. 30 Minuten

30 Minuten vorher einlegen

Ca. 800 g Fischfilet, 1 Zitrone, Salz, Senf, Paprikapulver, 1 Bund Suppengemüse, 20 g Butter, 150 g Sahne, 1 TL Speisestärke.

Nährwert p. P. ca. 350 kcal = 1.464 kJ

Den Fisch mit einer Marinade aus Zitronensaft, Salz, Senf und Paprika bestreichen; mit Folie bedecken und 30 Minuten in den Kühlschrank legen.

Den gewässerten RÖMERTOPF® mit dem vorbereiteten, zerkleinerten Suppengemüse ausstreuen, den Fisch mit der ausgetretenen Flüssigkeit hinein geben. Butterflöckchen darüber streuen, den Topf schließen. Den Bratsaft mit in Sahne verrührter Speisestärke verlängern, abschmecken.

Dazu passen mehlige Pellkartoffeln.

Exotischer Schmorfisch

(China)

Garzeit ca. 75 Minuten

600 g beliebiges Fischfilet, 2 EL Zitronensaft, 300 g Lauch (vorbereitete Ringe), 100 g beliebige Pilze (oder 20 g vorgeweichte Mu-Err-Pilze), 100 g magerer gekochter Schinken, 100 g Krabben, 1 Tasse Brühe, 1 EL Sojasoße, Salz, 1 EL Reiswein oder Weinbrand, 1 EL Speisestärke, 100 g Bambussprossen.

Nährwert p. P. ca. 250 kcal = 1.046 kJ

Den Fisch mit Zitronensaft beträufeln, durchziehen lassen und dann in den gewässerten RÖMERTOPF® legen. Mit den Lauchringen und den zerkleinerten Pilzen bestreuen. Den Schinken würfeln, dazugeben, ebenso die Krabben. Mit der mit Sojasoße und Spirituosen verrührten Brühe begießen. Den Topf schließen. Kurz vor dem Anrichten abschmecken, das Gericht mit in etwas Wasser angerührter Speisestärke binden; noch einige Minuten in die abgeschaltete Röhre stellen.

Reis-Schmorfisch-Topf

(China)

Statt der Pilze die Streifen einer Paprikaschote, 1 EL Tomatenmark und 1 Tasse rohen Reis mitschmoren. 2 Tassen Wasser mehr zugeben.

Seefisch auf Mittelmeer-Gemüse
(Spanien)

Die Fischscheiben auf einem Bett aus folgendem vorbereiteten Gemüse schmoren: 1 Stange Bleichsellerie, 1 gelbe Paprikaschote, 4 Tomaten, 2 Zwiebeln, 250 g Austernpilze. Mit dem Saft einer Zitrone würzen.

Dazu Safranreis servieren.

Fischfilet auf Sauerkraut
(Elsass)

Garzeit ca. 60 Minuten
500 g Sauerkraut, 1 Apfel,
3 Wacholderbeeren, 1/2 Lorbeerblatt,
1/4 l saure Sahne,
800 g Fischfilet, Salz,
2 EL Zitronensaft, 1 Ei, 4 EL Mehl,
2 EL Butter, 2 EL Öl,
50 g durchwachsener Räucherspeck.
Nährwert p. P. ca. 450 kcal = 1.883 kJ

Das Kraut mit der Gabel zerpflücken, mit Apfelscheiben, Wacholderbeeren, Lorbeerblatt und 1/2 Tasse Wasser sowie 2 EL saurer Sahne in den gewässerten RÖMERTOPF® geben. Das Fischfilet waschen, trocken tupfen, salzen und mit Zitronensaft beträufeln. Zuerst in verquirltem Ei, dann in Mehl wenden. In der Pfanne Butter und Öl erhitzen, darin die Speckwürfel anbraten, danach den Fisch von beiden Seiten goldbraun braten. Auf das Sauerkraut legen und den Topf schließen. 10 Minuten vor Ende der Garzeit vorsichtig die mit dem Mehl verrührte übrige saure Sahne unterheben; den Topf nun offen lassen.

Essen Sie Fisch und Sauerkraut mit Kartoffelbrei oder Salzkartoffeln.

Fisch auf Paprika-Sauerkraut
(Ungarn)

Unter das Sauerkraut 1 vorbereitete, zerkleinerte Paprikaschote und 2 gewürfelte Tomaten heben. Mit viel Paprikapulver schärfen.

Fischgulasch
(Österreich)

Garzeit ca. 60 Minuten
600 g Fischfilet, 2 EL Zitronensaft,
600 g Zwiebeln, 2 Tomaten, 3 EL Öl, Salz,
edelsüßes Paprikapulver, etwas Rosmarin und Lorbeerblatt, frisch gemahlener Pfeffer,
30 g Butter, 1/4 l Weißwein.
Nährwert p. P. ca. 400 kcal = 1.674 kJ

Den Fisch waschen, in große Würfel schneiden, mit Zitronensaft beträufeln. Die Zwiebeln und Tomaten enthäuten, würfeln und in den gewässerten RÖMERTOPF® geben; mit Öl beträufeln, mit Gewürzen bestreuen, mit Wein begießen. Den Fisch darauf setzen, mit Paprikapulver bestreuen und mit Butterflöckchen besetzen. Den Topf schließen.

Reichen Sie Reis oder Kartoffelbrei dazu.

Fischgulasch

(Holland)

Kartoffelpüree bereiten, mit geriebenem Käse verrühren. Eine Schicht in den RÖMERTOPF® streichen, die Fischstücke darauf geben, mit einer Schicht Kartoffelbrei abdecken.

Fischgulasch

(Polen)

Mit geriebenem Meerrettich würzen, statt der Tomaten klein geschnittene Pfeffergurken untermischen. Mit saurer Sahne binden.

Fischfrikassee

Garzeit ca. 45 Minuten

1 EL Mehl, 1 EL Butter, 1 Tasse Brühe,
1/8 l Weißwein, 1 EL Preiselbeerkompott,
1 EL Senf, 1 Gewürzgurke, 1 Zwiebel,
800 g vorbereitetes Fischfilet,
150 g saure Sahne,
2 EL Schnittlauchröllchen.

Nährwert p. P. ca. 300 kcal = 1.254 kJ

Aus Mehl und Butter auf dem Herd eine helle Schwitze bereiten, mit der Brühe durchkochen. Dann mit Wein, Preiselbeerkompott, Senf, der gescheibelten Gurke und der gehackten Zwiebel in den gewässerten RÖMERTOPF® geben; den Fisch hinein legen, den Topf schließen. Soße mit saurer Sahne und Schnittlauchröllchen verfeinern, abschmecken.

Dazu schmecken Salzkartoffeln.

Fisch pikant

(Marokko)

Die Fischscheiben in den RÖMERTOPF® legen, mit Rosenpaprika und Kreuzkümmel sowie frisch gemahlenen Pfeffer bestreuen. Mit 1 TL geriebener Zitronenschale (unbehandelte Frucht), dem Saft von 1 Zitrone, 6 gepressten Knoblauchzehen und 1 Bund gehackter Petersilie würzen.

Fischtopf „Cacciucco“

(Italien)

Garzeit ca. 1,5 Stunden bei 180 °C

4 Zwiebeln, 4 Knoblauchzehen, 1 Möhre,
1 Stange Sellerie, 4 EL Öl,
200 g beliebiger Seefisch,
200 g vorgegarter Tintenfisch,
2 Scheiben Weißbrot,
100 g Muschelfleisch,
1/1 Dose geschälte Tomaten, Salz,
frisch gemahlener Pfeffer, 1/4 l Weißwein.

Nährwert p. P. ca. 350 kcal = 1.464 kJ

Das Gemüse klein schneiden und in der Pfanne in Öl anschmoren. Tintenfisch in Ringe schneiden, dazugeben und unter Bewegen mitschmoren. Den RÖMERTOPF® wässern, die Weißbrotscheiben hinein legen; zuerst die Muscheln, dann das Bratgut aus der Pfanne und den gewaschenen Fisch darauf geben. Mit Tomaten bedecken, salzen, pfeffern und den Wein zugießen. Topf schließen. Vor dem Servieren alles sehr vorsichtig untereinander heben und abschmecken.

TIPP: Hübsch sieht es aus, wenn Sie einige Muscheln in der Schale mitgaren.

Fisch-Krabben-Topf

(Dänemark)

Garzeit ca. 60 Minuten
600 g Fischfilet, 2 EL Butter,
edelsüßes Paprikapulver, Salz,
je 1 EL gehackte Petersilie und Dill,
600 g Kartoffeln, Saft von 1/2 Zitrone,
1 Tasse Weißwein, 200 g essfertige Krabben,
50 g geriebener Käse, 1 TL Mehl.
Nährwert p. P. ca. 450 kcal = 1.884 kJ

Den Fisch abbrausen und trocken tupfen. Die Butter mit Paprikapulver, Salz und Kräutern kneten, die Hälfte davon als Flocken in den gewässerten RÖMERTOPF® geben. Kartoffeln schälen, würfeln, die Hälfte dazulegen. Das Fischfilet darauf verteilen, mit den übrigen Kartoffeln bedecken. Zitronensaft, Wein und Krabben mischen; salzen, Käse und Mehl zugeben, über das Gargut gießen. Mit der restlichen Buttermischung besetzen und den Topf schließen.

Fischtopf „Hamburg"

(Norddeutschland)

Die Kartoffeln durch 200 g Reis ersetzen, 250 g TK-Erbsen mitgaren.

Seefisch schmeckt noch kräftiger, wenn Sie ihn statt als Filet in Scheiben vom ganzen Fisch einkaufen und verwenden, wie bei unseren folgenden Rezepten. Den Fisch vorbereiten, mit Zitronensaft beträufeln, salzen.

Fisch-Eiertopf

(Spanien)

Garzeit ca. 1 Stunde
4 Scheiben Seefisch à ca. 200 g, 1 Zitrone,
600 g Kartoffeln, 4 hartgekochte Eier,
2 Zwiebeln, 2 Knoblauchzehen, Salz,
frisch gemahlener Pfeffer, 4 EL Olivenöl,
1/4 l Milch, 2 EL Mehl, 2 Eidotter,
1 Döschen Tomatenmark.
Nährwert p. P. ca. 500 kcal = 2.092 kJ

Den Fisch waschen, mit Zitronensaft beträufeln. Kartoffeln schälen, in Scheiben schneiden, ebenso die Eier. Die abgezogenen Zwiebeln und Knoblauchzehen hacken. Alles in den gewässerten RÖMERTOPF® schichten, den Fisch darauf legen. Salzen, pfeffern, mit Öl beträufeln und mit 1 Tasse Wasser begießen.
Nach 45 Minuten mit der auf dem Herd gekochten dicken Soße aus Milch, Mehl, Eidotter, Salz, Pfeffer und Tomatenmark begießen. Bei offenem Topf fertig garen.

Reichen Sie Reis oder Brot dazu.

Fischtopf mit Eiern
(Indonesien)

Garzeit ca. 1. Stunde
600 g Fischfilet,
1 kleine Dose Bambussprossen,
100 g gestiftelte Mandeln, 4 Eier, Salz,
frisch gemahlener Pfeffer, 1 Knoblauchzehe,
1 Zwiebel, 4 EL Öl,
Sojasoße und Tabasco nach Geschmack.
Nährwert p. P. ca. 450 kcal = 1.833 kJ

Den Fisch der Länge nach teilen und ca. 1/3 davon in den gewässerten RÖMERTOPF® legen; die Hälfte der Bambussprossen darüber streuen. Die Mandeln mit den Eiern verrühren, mit Salz, Pfeffer, gepresstem Knoblauch und geriebener Zwiebel, Sojasoße und Tabasco nach Geschmack mehr oder weniger scharf abschmecken (Im Original: brennend scharf!); die Hälfte davon über die Bambussprossen träufeln. Noch einmal Fisch, Bambus und Eiermasse, zuletzt wieder Fisch einschichten. Mit Öl beträufeln und den Topf schließen.

Fisch-Schnitten mit Oliven
(Griechenland)

Garzeit ca. 40 Minuten
4 Scheiben Seefisch à ca. 200 g, Salz, Pfeffer,
1 unbehandelte Zitrone, 1 Zwiebel,
2 Tomaten, 1/4 l Weißwein, 1 TL Oregano,
1 EL gehackte Petersilie,
100 g schwarze Oliven,
1 EL gemahlene Mandeln.
Nährwert p. P. ca. 250 kcal = 1.046 kJ

Den Fisch waschen, salzen, pfeffern und in den gewässerten RÖMERTOPF® legen. Die Zitrone heiß abwaschen, in Scheiben schneiden, darauf geben. Die Zwiebeln enthäuten, hacken. Die Tomaten mit kochendem Wasser übergießen, pellen, vierteln und zum Fisch legen. Mit Wein begießen, mit Oregano und Petersilie bestreuen, Topf schließen. Die Zitronenscheiben heraus nehmen, die Mandeln und Oliven einrühren. Zum Fisch servieren.

Dazu gibt's Brot.

Fisch-Schnitten in Safransoße
(Syrien)

Garzeit ca. 40 Minuten
4 Scheiben beliebiger Seefisch à ca. 200 g,
2 Zitronen, 2 Scheiben Weißbrot, 1 Zwiebel,
4 Knoblauchzehen, 4 EL Olivenöl, Salz,
1 Bund Petersilie, 2 Döschen Safran.
Nährwert p. P. ca. 300 kcal = 1.255 kJ

Die Fischscheiben salzen und in den gewässerten RÖMERTOPF® legen. Zitronen auspressen, dazugeben. Das Weißbrot zerpflücken, Zwiebeln und Knoblauch enthäuten, hacken, alles mit Öl beträufeln und mit Salz bestreuen. 1/4 l Wasser zugießen. Die Hälfte der gehackten Petersilie und den Safran einrühren, Topf schließen.
Die fertige Soße abschmecken und mit der übrigen Petersilie vermischen.

Zum Seefisch passt Reis.

Fisch-Schnitten mit Knoblauch
(Griechenland)

Seefisch-Stücke mit Knoblauch in Öl ganz leicht anbraten. Auf den Würfeln von 2 Zwiebeln und 4 Tomaten anrichten, mit 1/4 l Weißwein aufgießen. Mit Oregano und gehackter Petersilie, etwas abgeriebener Schale von naturreiner Zitrone und Zitronensaft würzen, zuletzt 100 g schwarze Oliven dazugeben.

Fischsuppen und Eintöpfe sind immer ein Erfolg

Überbackene Fisch-Schnitten
(Türkei)

Die Mandeln nicht in die Soße rühren, sondern mit 3 EL Semmelbröseln, 2 gepressten Knoblauchzehen, 2 EL gehackter Petersilie, 1 EL Öl, Salz und Pfeffer verrühren. Auf den Fischstücken verteilen und das Gericht 10 Minuten im offenen Topf überbacken.

Fischsuppe Bouillabaisse
(Frankreich)

Garzeit ca. 1 Stunde

1 Zwiebel, 1 zerdrückte Knoblauchzehe,
2 EL Olivenöl, 1/2 Bund Suppengemüse,
700 g Fischfilet (außer Hering alle Arten, die Sie bekommen können; gemischt),
250 g Kartoffeln, 2 Tomaten, Salz,
frisch gemahlener Pfeffer, 1 Lorbeerblatt,
etwas abgeriebene Schale von unbehandelter Zitrone, 3/4 l Würfelbrühe,
je 50 g essfertige Muscheln und Krabben,
1/4 l Weißwein, etwas Safran, 1 EL Butter,
2 EL Weinbrand, 1 EL gehackte Petersilie.

Nährwert ca. 350 kcal = 1.464 kJ

Zwiebeln und Knoblauch abziehen, hacken, im erhitzten Öl in der Pfanne anschmoren. Das zerkleinerte Suppengemüse kurz dazugeben. Den gut gewaschenen, trocken getupften Fisch für 3 Minuten mitschmoren.
In den gewässerten RÖMERTOPF® geben, mit den geschälten, in Scheiben geschnittenen Kartoffeln und den enthäuteten, geviertelten Tomaten belegen. Salzen, pfeffern, das Lorbeerblatt und die Zitronenschale dazugeben. Mit Brühe begießen und den Topf schließen. Die Suppe kräftig abschmecken, Muscheln und Krabben ein paar Minuten darin ziehen lassen. Dann mit Safran, Butter, Weinbrand und Petersilie verfeinern.

Zur Bouillabaisse gibt's Baguette.

Fischsuppe
(Griechenland)

Die Fischsuppe durchpassieren, mit Tomatenmark, Zitronensaft und Oregano abschmecken.

Fischsuppe
(Spanien)

1 Zwiebel, 3 Knoblauchzehen, 3 Tomaten und 1 scharfes Pfeffer-Schötchen mit dem Fisch garen.

Fischsuppe
(Kroatien)

2 Tomaten, 2 Zwiebeln, 2 Knoblauchzehen und 400 g Kartoffeln vorbereiten, zerkleinern.
Mit 2 Lorbeerblättern, etwas Stangensellerie und einer Spur Fenchel würzen. Das fertige Gericht mit viel gehackter Petersilie vermischen.

Krabben-Curry
(Indien)

Garzeit ca. 30 Minuten

600 g essfertige Krabben, 5 Knoblauchzehen, 2 EL Öl, 2 kleine Pfeffer-Schötchen, 1 kleine Dose geschälte Tomaten, 2 große Zwiebeln, etwas Kurkuma, Salz, 1-2 TL Currypulver.

Nährwert p. P. ca. 250 kcal = 1.046 kJ

Die Krabben abbrausen, sehr gut trocken tupfen und mit den gehackten Knoblauchzehen im Öl in der Pfanne anschmoren; in den gewässerten RÖMERTOPF® geben. Die Pfeffer-Schoten vierteln, mit den geschälten Tomaten und gehackten Zwiebeln dazugeben. Mit Kurkuma, Salz und Currypulver würzen und den Topf schließen.

Hierzu passt Reis.

Fischrouladen, pikant
(Ungarn)

Garzeit ca. 45 Minuten

700 g beliebiges Fischfilet, 1 Zwiebel, 1 Pfeffergurke, 100 g Salami, 1/8 l saure Sahne, 1 EL Mehl, 1 EL Butter, 1/2 Tasse Weißwein (noch besser: Tokajer), etwas abgeriebene Schale von naturreiner Zitrone, Salz, edelsüßes Paprikapulver.

Nährwert p. P. ca. 400 kcal = 1.674 kJ

Die gewaschenen Fischfilets der Länge nach in sehr dünne Scheiben schneiden. Zwiebeln fein hacken, Gurken würfeln, Wurst in Streifen schneiden. Alles auf den Fischfilets verteilen; zusammenrollen und mit Spießchen zusammenstecken; aufrecht nebeneinander in den gewässerten RÖMERTOPF® stellen. Mit der Hälfte der Sahne begießen und den Topf schließen. Die fertige Soße mit dem leicht erwärmten Gemisch aus restlicher Sahne, Mehl und Wein verlängern. Mit etwas Zitronenschale, Salz und Paprikapulver abschmecken, mit der Butter verfeinern.

Dazu passt kräftiges, mit Paprikapulver bestreutes Brot.

Fischröllchen, pikant
(Tunesien)

Garzeit ca. 45 Minuten

8 dünne Scheiben Fischfilet à ca. 100 g, 1 Zitrone, 1 Zwiebel, 4 Knoblauchzehen, je 2 EL Tomaten- und Paprikamark, Paprikapulver scharf, Salz, 1 hartgekochtes Ei, 1 Scheibe Weißbrot, 4 EL Öl, 50 g gefüllte Oliven, 2 EL gehackte Petersilie, 1 Tasse Brühe, 1 große Gewürzgurke.

Nährwert p. P. ca. 400 kcal = 1.674 kJ

Den Fisch waschen, trocken tupfen, mit Zitronensaft beträufeln. Die Zwiebel und den Knoblauch enthäuten, hacken, mit dem Tomaten- und Paprikamark verrühren; mit viel Paprikapulver und Salz würzen.
Das Ei schälen, hacken. Das Weißbrot zerpflücken, mit etwas Wasser beträufeln. Alles mit dem Öl verkneten. Zuletzt die in Scheiben geschnittenen Oliven und Petersilie untermischen, noch einmal kräftig mit Paprika abschmecken. Die sehr scharfe Paste auf die Fischscheiben streichen, diese zusammen rollen und in den gewässerten RÖMERTOPF® legen. Mit Brühe – etwas Gurkenmarinade zugeben – begießen. Das Gericht mit feingewürfelter Gewürzgurke bestreuen.

Dazu Fladenbrot reichen.

FEINES FÜR IHRE FITNESS: DELIKATES GEMÜSE RUND UMS JAHR

Sicher haben Sie für jede Gemüseart Ihr Lieblingsrezept. Wir stellen Ihnen nachfolgend besonders interessante Variationen dazu aus fremden Ländern vor, die es sich auszuprobieren lohnt.
Ganz einfach geht's mit dem RÖMERTOPF®; und wenn Sie Ihre gewohnten Rezepte darauf abstimmen wollen, lesen Sie einfach bei den entsprechenden Gemüsearten die Garzeiten nach.

Gerade bei Gemüse kommt es auf beste Zutaten an, wenn es gut schmecken soll. Erntefrisch und vollreif sind Prädikate, die den Grundstock zu rundem Genuss legen. Wo sind sie besser zu erfüllen als in den sonnigen Ländern am Mittelmeer? Die folgende Auswahl der besten Zubereitungsarten soll zum Experimentieren anregen. Alles Gemüse passt vorzüglich zu kurz gebratenem Fleisch, ist aber auch ohne Fleischzugabe ein Genuss.

Auberginen, gefüllt

(Türkei)

Garzeit ca. 45 Minuten

„Der Sultan ist entzückt" heißt der Originaltitel dieses köstlichen Gerichts.

2 Auberginen, Salz, 1 Zwiebel,
2 Knoblauchzehen, 2 EL Olivenöl,
1/2 Dose geschälte Tomaten,
frisch gemahlener Pfeffer, etwas Zimt,
1/4 Lorbeerblatt, 1EL Rosinen, 50 g Oliven,
1 Bund Petersilie, 1/2 Tasse Brühe,
2 TL Sardellenpaste, Saft von 1/2 Zitrone.
Nährwert p. P. ca. 150 kcal = 627 kJ

Die Auberginen mit einem scharfen Messer dünn schälen und der Länge nach halbieren; dann (am besten mit einem vorne gezackten Grapefruitlöffel) etwa die Hälfte vom Fruchtfleisch herausnehmen. Mit Salz ausstreuen, nach 10 Minuten unter fließendem Wasser die Bitterstoffe abspülen und in den gewässerten RÖMERTOPF® legen. Das herausgenommene Fruchtfleisch mit Zwiebelwürfeln und Knoblauchzehen im Öl in der Pfanne anbraten; die Tomaten dazugeben und unter Rühren etwas einkochen lassen. Masse mit den Gewürzen und Rosinen vermischen; Oliven und klein geschnittene Petersilie untermischen; über die ausgehöhlten Auberginenhälften füllen. Die Brühe mit Sardellenpaste und Zitronensaft verrühren, darüber gießen und den Topf schließen.

Blumenkohl, mit Käse überbacken

(Holland)

Garzeit ca. 40 Minuten

1 großer Blumenkohl, Butter,
1/4 l Brühe, 1 Zwiebel, Muskat
Pfeffer, 2 TL Mehl, 125 g Sahne,
Gouda-Käse in Scheiben (Menge je nach Größe des Blumenkohls).

Einen großen Kopf Blumenkohl vierteln, mit dem Strunk nach oben 10 Minuten in Salzwasser legen, dann kalt abbrausen. Mit den Röschen nach oben in den gewässerten RÖMERTOPF® legen, mit Butterflöckchen belegen. 1/4 l kräftige Brühe mit 1 geriebenen Zwiebel und etwas Muskat und Pfeffer würzen, dazugießen. Topf schließen, 10 Minuten vor Garzeit-Ende die Soße mit 125 g mit 2 TL Mehl verrührter Sahne binden, den Blumenkohl mit nicht zu dünnen Scheiben Gouda-Käse belegen.

Blumenkohl, bunt

(Skandinavien)

Garzeit ca. 30 Minuten

1 großer Kopf Blumenkohl,
1 EL Essig, Salz, 200 g saure Sahne,
1 Tasse sehr fein gehackte gemischte Kräuter, darunter viel Dill, 2 Tomaten,
200 g essfertige Krabben,
frisch gemahlener Pfeffer.
Nährwert p. P. ca. 200 kcal = 837 kJ

Blumenkohl vierteln, in essiggesäuertem Salzwasser auf dem Herd ca. 5 Minuten garen. Abtropfen lassen und in den gewässerten RÖMERTOPF® legen. Saure Sahne und die Kräuter dazugeben, ebenso Tomatenwürfel und die Krabben. Gut pfeffern. Den Topf schließen.

Blumenkohl mit Tomaten
(Schwarzes Meer)

Garzeit ca. 40 Minuten
1 großer Kopf Blumenkohl,
4 frische Tomaten (in Würfeln),
2 Knoblauchzehen, 2 Zwiebeln,
3 EL Olivenöl, 1/2 Dose geschälte Tomaten,
1 Tasse Weißwein,
etwas geriebene Muskatnuss,
1 EL gehackte Petersilie, Salz, Pfeffer.
Nährwert p. P. ca. 150 kcal = 627 kJ

Den Blumenkohl vom Strunk befreien, in Röschen zerteilen, ca. 30 Minuten in Salzwasser legen um evtl. Insekten zu beseitigen. Dann sehr gut abtropfen lassen. Knoblauch und Zwiebeln abziehen, hacken und im Öl anschmoren. Die Blumenkohlröschen darin unter bewegen einige Minuten anbraten. Dann in den lt. Vorwort gewässerten RÖMERTOPF® legen. Die Tomaten darüber füllen, den Wein dazugießen. Das Gericht salzen, pfeffern und mit Muskat bepudern. Den Topf schließen.
Mit Petersilie vermischen.

Bohnen, grün
(Spanien)

Garzeit ca. 1 Stunde
1.000 g Bohnen, 125 g fetter Räucherspeck,
6 Tomaten, 1/4 l Brühe, 3 Knoblauchzehen,
etwas Oregano, Salz,
frisch gemahlener Pfeffer.
Nährwert p. P. ca. 300 kcal = 1.256 kJ

Die Bohnen vorbereiten, grob zerbrechen. Den Speck in Streifen schneiden, in der Pfanne knusprig anbraten und in den gewässerten RÖMERTOPF® geben. Darauf enthäutete und geviertelte Tomaten und die Bohnen füllen. Die Brühe mit gepresstem Knoblauch, Oregano, Salz und Pfeffer mischen und darüber gießen.

Grüne Bohnen lassen sich immer besonders gut mit Tomaten mischen, das gibt dem Gemüse den richtigen Pfiff.

Bohnen, grün in saurer Sahne
(Russland)

Garzeit ca. 1 Stunde
500 g Bohnen, 250 g Zwiebeln,
250 g Tomaten, Salz,
frisch gemahlener Pfeffer,
200 g saure Sahne, 1 Ei, frisches oder
getrocknetes Basilikum.
Nährwert p. P. ca. 200 kcal = 837 kJ

Die Bohnen vorbereiten, grob zerschneiden; Zwiebeln und geschälte Tomaten achteln; alles in den gewässerten RÖMERTOPF® geben. Salzen, pfeffern und mit der Hälfte der Sahne begießen. Den Topf schließen. Die übrige Sahne mit Ei und Basilikum verquirlen und das Gemüse zum Schluss damit binden.

Bohnen weiß, getrocknet
(Ungarn)

Garzeit ca. 2,5 Stunden
Bohnenkerne 10 Stunden einweichen.
200 g Bohnenkerne,
1 große grüne Paprikaschote, 1 Zwiebel,
kleines scharfes Pfefferschötchen,
2 Knoblauchzehen, 1 EL Schweineschmalz,
1/4 l kräftige Würfelbrühe, Salz,
edelsüßes Paprikapulver.
Nährwert p. P. ca. 250 kcal = 1.046 kJ

Die Bohnenkerne 10 Stunden einweichen und dann mit dem Wasser in den gewässerten RÖMERTOPF® geben. Paprika- und Pfefferschote vorbereiten, dazugeben. Knoblauch pressen und mit Brühe vermischen, darüber gießen. Den Topf schließen. Gegarte Bohnen mit Salz und Pfeffer abschmecken.
Fein geschnittene Zwiebelringe in der Pfanne mit Schmalz anbräunen und vor dem Servieren über die Bohnen streuen.

Bohnenkerne getrocknet, weiß
(Italien)

Garzeit ca. 2,5 Stunden bei 180 °C
Bohnenkerne 10 Stunden einweichen.
200 g weiße Bohnenkerne,
200 g geräucherter Schweinebauch,
2 Zwiebeln, 2 Knoblauchzehen,
2 EL Olivenöl, 200 g Tomaten,
1 Prise Salbei, 1/2 Bund Petersilie, Salz,
frisch gemahlener Pfeffer, 1/2 l Weißwein.
Nährwert p. P. ca. 550 kcal = 2300 kJ

Die Bohnen 10 Stunden einweichen und in den gewässerten RÖMERTOPF® geben. Den Speck grob würfeln; Zwiebeln und Knoblauch grob hacken; mit den übrigen Zutaten zu den Bohnen geben und den Topf schließen.

Feurige Bohnen
(Mexiko)

Garzeit ca. 2 Stunden
Bohnen 10 Stunden einweichen.
300 g getrocknete schwarze oder
rote Bohnenkerne, 1 Zwiebel,
1 scharfes Pfefferschötchen,
200 g Maiskörner aus der Dose.
1 EL Schweineschmalz, Salz,
etwas Pfefferminze, frisch oder getrocknet,
Tabasco.
Nährwert p. P. ca. 300 kcal = 1.255 kJ

Die Bohnen ca. 10 Stunden einweichen, dann abgießen und mit frischem Wasser in den gewässerten RÖMERTOPF® geben. Die Zwiebeln enthäuten, hacken, mit dem Pfefferschötchen dazugeben. Den Topf schließen.
Inzwischen den Mais sehr gut abtropfen lassen, dann in der Pfanne im Schmalz anbraten, nach ca. 1 1/2 Garstunden zugeben. Flüssigkeit im offenen Topf noch einkochen lassen. Das Gericht sehr scharf mit Salz, Pfefferminze und Tabasco würzen.

Zu Fladenbrot genießen.

Erbsen, getrocknet
(Schweiz)

Garzeit ca. 1 Stunde
Erbsen 10 Stunden einweichen.
200 g getrocknete grüne Erbsen,
1/4 l kräftige Würfelbrühe,
1 große Zwiebel, 200 g gekochter Schinken,
50 g Butter.
Nährwert p. P. ca. 350 kcal = 1.464 kJ

Die Erbsen 10 Stunden einweichen, dann abgießen. Mit Schinkenstreifen, der Brühe, gewürfelter Zwiebel und der Hälfte der Butter in den gewässerten RÖMERTOPF® geben, diesen schließen. Zum Schluss mit der übrigen Butter verfeinern, nachschmecken.

Chicoree in Schinken
(Belgien)

Garzeit ca. 30 Minuten
4 Stauden Chicoree, Salz,
2 EL Zitronensaft,
4 Scheiben milder Schnittkäse,
4 nicht zu dünne Scheiben gekochter Schinken, etwas geriebene Muskatnuss,
1 kleine Dose geschälte Tomaten,
1 kleine Zwiebel, 100 g Sahne,
frisch gemahlener Pfeffer.
Nährwert p. P. ca. 300 kcal = 1.255 kJ

Den Chicoree waschen, großzügig den bitteren Strunk heraus schneiden. In wenig zitronen-gesäuertem Salzwasser 5 Minuten vorkochen, abtropfen lassen. Die Käsescheiben auf die mit Muskat bepuderten Schinkenscheiben legen, die Chicorees darin einrollen. Mit Spießchen feststecken, nebeneinander in den lt. Vorwort gewässerten RÖMERTOPF® legen.
Die Tomaten mit dem Handmixstab pürieren, mit geriebener Zwiebel, Sahne und Pfeffer verrühren, darüber gießen, den Topf schließen.

Erbsen in Wein
(Österreich)

Garzeit ca. 30 Minuten
600 g TK-Erbsen, 1/4 l Weißwein,
etwas Estragon, Salz,
frisch gemahlener Pfeffer,
30 g Butter, 4 EL saure Sahne,
2 TL Mehl.
Nährwert p. P. ca. 300 kcal = 1.255 kJ

Die Erbsen in den gewässerten RÖMERTOPF® geben und mit Wein begießen. Mit Estragon, Salz und Pfeffer würzen, 1 EL Butter dazugeben. Den Topf schließen. Abschließend mit in Sahne angerührtem Mehl binden, die übrige Butter untermischen, nachschmecken.

Erbsen in Sherry
(Spanien)

Garzeit ca. 45 Minuten
600 g TK-Erbsen, 2 Tomaten, 2 Kartoffeln,
2 Zwiebeln, 2 Knoblauchzehen,
2 EL Olivenöl, 1/2 Lorbeerblatt,
etwas Thymian, Salz,
frisch gemahlener Pfeffer,
100 ml trockener Sherry,
100 g magerer roher Schinken.
Nährwert p. P. ca. 350 kcal = 1.464 kJ

Die Erbsen in den gewässerten RÖMERTOPF® geben. Die Tomaten enthäuten, in Scheiben schneiden; Kartoffeln schälen, klein würfeln und beides dazumischen. Zwiebeln und Knoblauch würfeln, im Öl in der Pfanne anschmoren, dazugeben. Mit den Gewürzen bestreuen; mit Sherry begießen. Den gewürfelten Schinken darauf geben und den Topf schließen.

Fenchel mit Käsehaube

(Italien)

Garzeit ca. 45 Minuten
4 Fenchelknollen, 1/2 Tasse Würfelbrühe,
1/2 Tasse Weißwein, 100 g Mozzarella,
50 g Parmesankäse, 50 g Butter,
frisch gemahlener Pfeffer.
Nährwert p. P. ca. 250 kcal = 1.046 kJ

Die Fenchelknollen gründlich waschen (mit den Händen auseinander drücken, damit auch dazwischen sitzender Schmutz entfernt wird), längs halbieren und in den gewässerten RÖMERTOPF® legen. Mit Brühe und Wein begießen und den Topf schließen. Nach ca. 30 Minuten mit Mozzarellascheiben belegen, mit Parmesan und Butterflöckchen bestreuen, gut pfeffern.

Gurken, geschmort

(Skandinavien)

Garzeit ca. 45 Minuten
600 g Gurken, 200 g Tomaten,
200 g Zwiebeln, Salz,
frisch gemahlener Pfeffer,
50 g durchwachsener Räucherspeck,
1 EL Mehl, 125 g saure Sahne,
2 EL Dill, etwas Zucker, etwas Essig.
Nährwert p. P. ca. 250 kcal = 1.046 kJ

Die Gurken schälen; Tomaten mit kochendem Wasser überbrühen und enthäuten; abgezogene Zwiebeln in Ringe schneiden. Zutaten in den gewässerten RÖMERTOPF® geben, mit wenig Salz und viel Pfeffer bestreuen. Den Speck würfeln, in der Pfanne knusprig ausbraten, mit dem Fett darüber geben. Mit Mehl bestäuben und mit Sahne begießen; den Topf schließen. Mit Dill verfeinern, mit Zucker und Essig süßsauer abschmecken.

TIPP: Alles Gemüse bleibt in unseren Garzeiten knackig. Wenn Sie es lieber sehr weich mögen: Garzeiten um ca. 15 Minuten verlängern.

Gurken, geschmort

(Kroatien)

Hier wird die Speck-Zugabe auf 125 g erhöht und mit sehr viel gepresstem Knoblauch gewürzt. Statt Dill und Essig werden Zitronensaft und Petersilie verwendet. Mit etwas Mehl binden.

Kohlrabi mit Soufflé-Füllung
(Belgien)

Garzeit ca. 30 Minuten
4 große Kohlrabi-Knollen, Salz,
einige Pfefferkörner, 1/2 naturreine Zitrone,
4 Eier, frisch gemahlener Pfeffer,
geriebene Muskatnuss,
2 EL gehackte Petersilie, 1 EL Butter.
Nährwert p. P. ca. 200 kcal = 837 kJ

Die Kohlrabi-Knollen schälen, halbieren und mit den Pfefferkörnern ca. 10 Minuten in Salzwasser garen; dann aushöhlen.
Das Innere pürieren, mit Zitronensaft, etwas abgeriebener Zitronenschale, den Eidottern, Salz, Pfeffer, Muskat und Petersilie vermischen; steif geschlagenes Eiweiß unterheben. Die Kohlrabi-Hälften in den gewässerten RÖMERTOPF® setzen und die Füllung hinein häufen. Mit Butterflöckchen besetzen. Topf schließen.

Lauch
(Belgien)

Garzeit ca. 30 Minuten
1.200 g Lauch, Salz, 2 Eidotter,
100 g saure Sahne, Saft von 1/2 Zitrone,
frisch gemahlener Pfeffer,
etwas geriebene Muskatnuss,
etwas Schale von naturreiner Zitrone,
2 EL Butter.
Nährwert p. P. ca. 200 kcal = 837 kJ

Den Lauch vorbereiten, die hellen Teile sehr gut waschen und in Stücke von 3 cm schneiden; in leichtem Salzwasser 5 Minuten blanchieren, gut abtropfen lassen und in den gewässerten RÖMERTOPF® füllen. Alle anderen Zutaten mischen, darüber gießen und den Topf schließen.

Lauch-Topf
(Türkei)

Garzeit ca. 1 Stunde
1.000 g dicke Lauchstangen, 2 Zwiebeln,
150 g Tatar, 50 g gekochter Reis,
50 g grob gemahlene Mandeln,
1 Knoblauchzehe, 1/2 TL Kreuzkümmel,
Salz, Paprikapulver,
1 TL fein gehackte Petersilie,
1 Dose Tomaten, 2 EL Öl.
Nährwert p. P. ca. 300 kcal = 1255 kJ

Lauch vorbereiten, längs halbieren. In den gewässerten RÖMERTOPF® legen. Die enthäuteten Zwiebeln fein hacken, mit Tatar, Reis und Mandeln verkneten; mit gepresstem Knoblauch, Kreuzkümmel, Salz und Paprika kräftig würzen. Die Masse auf den Lauchstangen verteilen und Tomaten dazugeben.
Die Füllung mit Öl beträufeln und den Topf schließen.

Linsen in Sahne
(Polen)

Garzeit ca. 1,5 Stunden
Linsen ca. 10 Stunden einweichen.
200 g Linsen, 1 Zwiebel, 50 g Butter,
1 EL Semmelbrösel, 200 g Sahne,
1 großer Bund Schnittlauch, Salz,
frisch gemahlener Pfeffer,
geriebene Muskatnuss, Essig.
Nährwert p. P. ca. 400 kcal = 1.674 kJ

Die Linsen einweichen und mit dem Wasser in den gewässerten RÖMERTOPF® geben, Deckel aufsetzen. Nach 1 Stunde die gewürfelten Zwiebeln in Butter anschwitzen und dazugeben; Semmelbrösel und die Schnittlauchröllchen in die Sahne mischen, vorsichtig unterheben. Mit Salz, Pfeffer, Muskat und etwas Essig nachschmecken.

Möhren mit Kräutern
(Böhmen)

Garzeit ca. 30 Minuten
1.000 g Möhren, 2 Zwiebeln, 50 g Butter,
Salz, 1 TL Zucker, frisch gemahlener Pfeffer,
etwas getrocknete Pfefferminze, 1/4 l Brühe,
2 EL gehackte Petersilie, 1 EL Kerbel.
Nährwert p. P. ca. 200 kcal = 837 kJ

Die Möhren schrappen, gut waschen, in feine Scheiben schneiden und mit Zwiebelringen in den gewässerten RÖMERTOPF® geben. Mit der Hälfte der Butter (in Würfelchen zerteilen) sowie Salz, Zucker und Pfeffer bestreuen; Pfefferminze darüber geben. Mit Brühe begießen und den Topf schließen. Das fertige Gemüse mit Salz, Pfeffer und evtl. noch Zucker abschmecken, mit der restlichen Butter und den Kräutern verfeinern.

Möhren in Wein
(Spanien)

Garzeit ca. 45 Minuten
800 g Möhren, 2 Knoblauchzehen,
2 EL Olivenöl, 1 EL Rosinen, Salz,
frisch gemahlener Pfeffer,
etwas Kreuzkümmel und Pfefferminze,
1 winzige Prise Zimtpulver, 1 TL Zucker,
1/4 l trockener Weißwein,
2 EL gehackte Petersilie.
Nährwert p. P. ca. 150 kcal = 627 kJ

Die Möhren schrappen, in Scheiben schneiden und in den gewässerten RÖMERTOPF® geben. Den Knoblauch pressen, mit dem Öl vermischen und darüber träufeln. Mit Rosinen und allen Gewürzen bestreuen, mit dem Wein aufgießen. Das fertige Gericht abschmecken, mit Petersilie vermischen.

Paprika
(Ungarn)

Garzeit ca. 45 Minuten
1.000 g Paprikaschoten, möglichst gelb,
grün und rot gemischt, 2 Zwiebeln,
2 Knoblauchzehen, edelsüßes Paprikapulver,
etwas Zucker, Salz, 1 Tasse Weißwein,
2 EL Butter, 2 EL gehackte Petersilie,
125 g saure Sahne.
Nährwert p. P. ca. 200 kcal = 837 kJ

Die Paprikaschoten von Stielansatz und Kerngehäuse befreien, vierteln und in den gewässerten RÖMERTOPF® legen. Gehackte Zwiebeln und gepressten Knoblauch dazugeben. Mit Paprika, Zucker und Salz bestreuen und mit Wein begießen. Die Butter würfeln, darüber streuen und den Topf schließen. Zum Schluss mit Petersilie vermischen, sehr gut mit Paprika abschmecken und jede Portion mit eiskalter saurer Sahne beträufeln.

Paprika mit Käse
(Slowenien)

Garzeit ca. 1 Stunde
1.000 Paprikaschoten, 250 g saure Sahne,
400 g Schafskäse, 3 Eier,
viel frisch gemahlener Pfeffer,
4 El gehackte Petersilie.
Nährwert p. P. ca. 450 kcal = 1.883 kJ

Die Paprikaschoten waschen, halbieren, den Stielansatz und die weißen Innenhäute mit den Kernen entfernen.
Die saure Sahne in den gewässerten RÖMERTOPF® gießen und die Paprikaschoten-Hälften darauf setzen. Alle anderen Zutaten glatt rühren, in die Paprikaschoten füllen; den Topf schließen.

Pilze in Sahnesoße
(Italien)

Garzeit ca. 30 Minuten
600 g beliebige Waldpilze, 1 Zwiebel,
2 El Olivenöl, 1 Tasse Weißwein,
1 EL frischen oder
1 TL getrockneten Estragon,
1 Prise getrocknete Pfefferminze,
2 EL gehackte Petersilie, Salz,
200 g Sahne, 4 Sardellenfilets,
2 EL Zitronensaft.
Nährwert p. P. ca. 250 kcal = 1.046 kJ

Vorbereitete Pilze in den gewässerten RÖMERTOPF® geben. Die Zwiebeln hacken, in der Pfanne mit Öl anschmoren und darüber streuen. Mit Wein aufgießen, mit Kräutern und Salz bestreuen. Die mit Sardellenpaste und Zitronensaft gemischte Sahne darüber gießen und den Topf schließen.

Rosenkohl
(Süddeutschland, Österreich)

Garzeit ca. 45 Minuten
600 g Rosenkohl, 3 Tomaten, 3 Zwiebeln,
Salz, frisch gemahlener Pfeffer,
geriebene Muskatnuss, 1 Tasse Brühe,
2 EL saure Sahne, 1 EL Mehl.
Nährwert p. P. ca. 200 kcal = 837 kJ

Die Röschen am Strunk kreuzförmig einschneiden; Tomaten und Zwiebeln würfeln; in den gewässerten RÖMERTOPF® geben und mit den Gewürzen bestreuen. Sahne und Brühe verrühren, darüber gießen, mit Mehl bestäuben. Alles vorsichtig untereinander heben und den Topf schließen.

Rotkohl
(Deutschland, Österreich)

Garzeit ca. 1 Stunde
750 g Rotkohl, 1/2 Zwiebel,
50 g durchwachsener Räucherspeck,
1/4 l Apfelwein, 1 TL Zucker, 1 El Essig,
1 El Johannisbeergelee, Salz,
einige Pfefferkörner, 1/2 Lorbeerblatt,
1 EL Butter.
Nährwert p. P. ca.. 250 kcal = 1.046 kJ

Den Rotkohl fein hobeln und in den gewässerten RÖMERTOPF® geben. Speck und Zwiebeln würfeln, in der Pfanne ausbraten und über den Kohl streuen. Mit Apfelwein aufgießen und mit Zucker, Essig, Johannisbeergelee, Salz, Pfefferkörnern und Lorbeerblatt würzen. Den Topf schließen. Den fertigen Kohl mit der Butter verfeinern.

Sauerkraut ist eines der Gerichte, das nirgends anders so gut gelingt wie im RÖMERTOPF®, das finden alle Kenner. Probieren doch auch Sie es mit folgendem Rezept aus!

Sauerkraut
(Böhmen)

Garzeit gut 1 - 2 Stunden
1 Dose Sauerkraut, 3/8 l Apfelsaft,
1 Zwiebel, 2 Wacholderbeeren,
1 Gewürznelke, einige Pfefferkörner,
1/2 Lorbeerblatt, 1 Knoblauchzehe,
150 g durchwachsener Räucherspeck,
1 EL Mehl, 2 El Butter.
Nährwert p. P. ca. 400 kcal = 1.674 kJ

Das Sauerkraut mit zwei Gabeln zerpflücken und in den gewässerten RÖMERTOPF® geben. Mit dem Apfelsaft aufgießen. Die Zwiebel hacken, mit den Gewürzen und dem gepressten Knoblauch untermischen. Den Speck in Streifen schneiden, ebenfalls unterheben und den Topf schließen. Das fertige Sauerkraut mit Mehl verrühren und mit Butter verfeinern.

Sellerie geschmort
(Italien)

Wie Fenchel mit Käsehaube-Rezept Seite 94 bereiten.

Spinat oder Mangold

Garzeit ca. 40 Minuten

Im Mittelmeerraum bevorzugt man Mangold, der auch bei uns vermehrt angeboten wird.

800 g Spinat oder Mangold,
1/2 Dose geschälte Tomaten, 2 Zwiebeln,
2 Knoblauchzehen, 2 EL Öl, Salz,
2 kleine scharfe Pfefferschötchen,
2 EL gehackte Blätter von Petersilie oder Bleichsellerie, 50 g Schafskäse.
Nährwert p. P. ca. 200 kcal = 835 kJ

Mangold oder Spinat verlesen, gut waschen, in breite Scheiben schneiden und in den gewässerten RÖMERTOPF® legen. Die Tomaten dazugeben. Zwiebeln und Knoblauch häuten, hacken, im Öl anschmoren, salzen und darüber streuen. Die Pfefferschötchen und die Kräuterblätter fein hacken und dazugeben. Den Käse würfeln und unterheben, den Topf schließen.

Steckrüben in Sahne
(Schweiz)

Garzeit ca. 45 Minuten

1.000 g Steckrüben
(auch als Goldrübchen angeboten), Salz,
viel frisch gemahlener Pfeffer,
2 EL gehackte Petersilie, 1 EL Mehl,
200 g Sahne, 1 TL Senf.
Nährwert p. P. ca. 200 kcal = 835 kJ

Die Steckrüben schälen, grob raffeln und in den gewässerten RÖMERTOPF® geben. Salzen und pfeffern; mit der Petersilie und Mehl bestreuen. Die Sahne mit Senf verrühren, darüber gießen und den Topf schließen.

Teltower Rübchen
(Norddeutschland)

Garzeit ca. 45 Minuten

1.000 g Teltower Rübchen, 2 EL Essig,
Salz, 1 EL Zucker, 40 g Butter, 50 g Sahne,
frisch gemahlener Pfeffer.
Nährwert p. P. ca. 200 kcal = 835 kJ

Die Rübchen halbieren, 5 Minuten in Essig-Salzwasser blanchieren, dann in den gewässerten RÖMERTOPF® geben. Mit Zucker bestreuen, mit Butterwürfelchen belegen, mit der Sahne beträufeln. Gut pfeffern. Den Topf schließen.

Tomaten-Ragout „Savarin"
(Frankreich)

Garzeit ca. 30 Minuten

1.000 g Fleischtomaten,
1 Döschen Tomatenmark, 100 g Sahne, Salz,
frisch gemahlener Pfeffer, Ingwerpulver,
1/2 TL Zucker, 3 EL Weinbrand.
Nährwert p. P. ca. 150 kcal = 627 kJ

Die Tomaten waschen, vom Stielansatz befreien, mit kochendem Wasser überbrühen, enthäuten und vierteln. In den gewässerten RÖMERTOPF® geben. Die übrigen Zutaten verquirlen, darüber gießen und den Topf schließen.

Tomaten, geschmort
(Mitteleuropa)

Garzeit ca. 30 Minuten

8 Tomaten, Salz,
frischer grob gemahlener Pfeffer,
1 EL Schnittlauchröllchen,
3 EL Semmelbrösel, 3 EL Sahne,
2 EL Butter.
Nährwert p. P. ca. 200 kcal = 835 kJ

Die Tomaten evtl. enthäuten, quer halbieren und in den gewässerten RÖMERTOPF® geben. Mit Salz und Pfeffer würzen, mit Schnittlauch bestreuen. Die Semmelbrösel darauf verteilen. Die Sahne darüber träufeln, mit Butterflöckchen belegen und den Topf schließen.

Gefüllte Tomaten

Sehr fein schmecken ausgehöhlte Tomaten, statt wie bei uns gebräuchlich mit gewürztem Fleischteig gefüllt, mit einer Soufflé-Füllung, wie beim Kohlrabi auf Seite 95. Wie im vorigen Rezept schmoren.

Wirsing-Pudding

(Ungarn)

Garzeit ca. 60 Minuten

700 g Wirsing, 1 kleine Zwiebel,
50 g Butter, 100 g Sahne, 3 EL Weinbrand,
4 Eier, 100 g Semmelbrösel, Salz,
frisch gemahlener Pfeffer, Rosenpaprika,
etwas geriebene Muskatnuss.

Nährwert p. P. ca. 400 kcal = 1.674 kJ

Wirsingkohl vorbereiten, die Blätter in feine Streifen schneiden; mit der geriebenen Zwiebel mischen und in den mit Butter ausgefetteten, gewässerten RÖMERTOPF® geben. Die Sahne mit Weinbrand und Eidottern glatt rühren; Semmelbrösel und steif geschlagenes Eiweiß unterheben; mit Salz, Pfeffer, Paprika und Muskat pikant würzen. Darüber verteilen. Mit der übrigen klein geschnittenen Butter belegen.
Den Topf schließen.

Weißkohl

(Türkei)

Den Kohl mit 125 g Tatar bestreuen. 1/4 l Brühe mit 1 EL Tomatenmark und 2 Eiern verrühren; mit Salz und Pfeffer würzen, darüber gießen. In der letzten Viertelstunde mit 100 g grob zerbröckeltem Schafskäse bestreuen.

Weißkohl- oder Wirsing-Gewürzkohl

(Libanon)

Garzeit ca. 40 Minuten

1.000 möglichst junger Weißkohl,
2 Zwiebeln, 2 Knoblauchzehen,
2 EL Öl, etwas Piment und Kreuzkümmel,
Salz, Paprikapulver, 2 EL Zitronensaft,
2 EL gehackte Petersilie, 1 EL Rosinen,
125 g Joghurt.

Nährwert p. P. ca. 150 kcal = 627 kJ

Den Weißkohl vorbereiten, grob schneiden und mit gehackten Zwiebeln und Knoblauchzehen in den gewässerten RÖMERTOPF® füllen. Restliche Zutaten mischen und darüber gießen.

Schichtkraut

Garzeit ca. 40 Minuten

Dazu vorbereitete Blätter von Weißkraut oder Wirsing 5 Minuten in Salzwasser blanchieren, schichtweise mit gut gewürztem Frikadellen-Teig in den gewässerten RÖMERTOPF® geben. Mit gut gewürzter saurer Sahne begießen.

Weißkohl-Krautstrudel
(Böhmen)

Garzeit ca. 1 Stunde
1.000 g Weißkohl, 100 g Butter,
4 EL Weißwein, Salz,
mildes und scharfes Paprikapulver, Kümmel,
1 Pä. Strudelteig.
Nährwert p. P. ca. 400 kcal = 1.674 kJ

Den Weißkohl in feine Streifen hobeln. In der Hälfte der erhitzten Butter auf dem Herd unter Bewegen anschmoren, dabei den Wein zugießen. Die Flüssigkeit verdampfen lassen und den Weißkohl mit Salz, Paprika und Kümmel würzen. Leicht abkühlen. Den Strudelteig auf einem Tuch auseinander legen, mit erwärmter Butter bestreichen. Den Kohl darauf verteilen, dabei die Ränder frei lassen. Mit Hilfe des Tuches zusammen rollen, an den Schmalseiten einschlagen. In den gewässerten RÖMERTOPF® legen und den Deckel schließen.

Zucchini, geschmort
(Griechenland)

Garzeit ca. 40 Minuten
1.000 g Zucchini, Salz, 3 EL Öl,
3 Knoblauchzehen, 3 Zwiebeln,
etwas Kreuzkümmel, etwas Minze,
Paprikapulver, 4 EL Reis, 2 Tassen Brühe,
Saft von 1 Zitrone, 2 Eier.
Nährwert p. P. ca. 250 kcal = 1.046 kJ

Die Zucchini von beiden Enden befreien, in Scheiben schneiden und in den gewässerten RÖMERTOPF® geben. Mit Salz bestreuen. Das Öl erhitzen und darin die gehackten Knoblauchzehen und Zwiebeln anbraten; zu den Zucchini geben. Würzen, mit Kräutern und Reis bestreuen und mit Brühe begießen. Den Topf schließen.
Vor dem Servieren unter das noch sehr heiße Gericht die mit Zitronensaft verquirlten, gesalzenen Eier ziehen.

Zucchini
(Holland)

Garzeit ca. 45 Minuten
800 g Zucchini, Saft von 1 Zitrone, Salz,
viel frisch gemahlener Pfeffer, 100 g Sahne,
Tabasco, 100 g grob geriebener
milder Käse wie Gouda oder Edamer,
2 EL gehackte Petersilie.
Nährwert p. P. ca. 200 kcal = 835 kJ

Die Zucchini gut waschen, von den Enden befreien und in dicke Scheiben schneiden. In den gewässerten RÖMERTOPF® geben; jede Schicht mit Zitronensaft, Salz und Pfeffer würzen. Die Sahne mit Tabasco schärfen, mit Käse und Petersilie mischen. Darüber verteilen. Den Topf schließen.

Zucchiniauflauf
(Schweiz)

Garzeit ca. 50 Minuten
200 g Zwiebeln, 2 Knoblauchzehen,
1 EL Butter, 100 g Kürbiskerne,
700 g Zucchini, 125 g Creme fraiche,
frisch gemahlener weißer Pfeffer,
etwas geriebene Muskatnuss, 2 Eier,
125 g magerer gekochter Schinken,
Fett für den Topf.
Nährwert p. P. ca. 400 kcal = 1.674 kJ

Zwiebeln und Knoblauch schälen, hacken, in der Pfanne in der Butter leicht anbraten. Die Kürbiskerne dazugeben, mit anschmoren. Zucchini schälen, von den Enden befreien, würfeln. Zusammen mit der Creme fraiche und den Eidottern im Mixer oder mit dem Handmixstab pürieren. Die Masse gut würzen, das steif geschlagene Eiweiß, die Zwiebeln und Kürbiskerne sowie den in Streifen geschnittenen Schinken untermischen. Den gewässerten RÖMERTOPF® fetten, die Masse hineingeben. Topf bedecken. In den letzten 15 Minuten den Deckel abnehmen.
Mit knusprigem Weißbrot reichen.

Zwiebelauflauf

Hier werden die Zucchini durch Zwiebeln ersetzt, sie werden nicht püriert, sondern gerieben. Mit rohem statt gekochtem Schinken bereiten.

Zwiebelpüree

(Schweiz)

Garzeit ca. 45 Minuten

800 g Zwiebeln, Salz, 1 Prise Zucker,
100 g magerer roher Schinken,
1 EL Mehl, viel frisch gemahlener Pfeffer,
3 El Sahne, 1 Tasse Würfelbrühe,
30 g Butter.

Nährwert p. P. ca. 250 kcal = 1.046 kJ

Zwiebelringe in den gewässerten RÖMERTOPF® geben, salzen und mit Zucker bestreuen. Den Schinken in sehr feine Stiftchen schneiden und darüber geben. Mit Mehl bestäuben, großzügig pfeffern. Mit Sahne und Brühe begießen. Den Topf schließen. Zum Schluss durchrühren, die Zwiebeln zerfallen dabei. Mit Butter verfeinern und nachschmecken.

Zwiebel-Kartoffelpüree

Ist eine besonders feine Beilage zu Kurzgebratenem. Wie das Zwiebel-Püree bereiten, jedoch die Hälfte der Zwiebeln durch Kartoffeln ersetzen. Wird es zu Fleisch gereicht, kann hier auf den Schinken verzichtet werden.

Zwiebeln, süß-sauer geschmort

(Frankreich)

Garzeit ca. 40 Minuten

800 g Zwiebeln, 2 EL Olivenöl,
1 TL Zucker, Saft von 1 Zitrone,
2 EL gehackte Petersilie,
1 Tasse geschälte Tomaten,
1 kleine Dose kräftige Brühe.

Nährwert p. P. ca. 150 kcal = 627 kJ

Die Zwiebeln schälen, im erhitzen Öl in der Pfanne unter Zugabe vom Zucker von allen Seiten leicht anbräunen, dann mit allen anderen Zutaten in den gewässerten RÖMERTOPF® geben. Den Topf schließen.

Gemüse-Allerlei mit Krabben

Garzeit ca. 45 Minuten

Je 200 g Lauch, Brokkoli (oder Blumenkohl), Erbsen (oder Kohlrabi) und Frühlingszwiebeln, vorbereitet gewogen,
1/4 l kräftige Würfelbrühe,
1 EL Zitronensaft,
1 EL Worchester-Soße,
frisch gemahlener Pfeffer, 1 EL Mehl,
2 EL Butter, 250 g essfertige Krabben.

Nährwert p. P. ca. 250 kcal = 1.046 kJ

Lauch in dünne Scheiben schneiden, Kohl in Röschen zerteilen. TK-Erbsen auftauen lassen. Kohlrabi schälen, grob reiben. Die Frühlingszwiebeln bis auf 10 cm vom Grün befreien, vierteln. Alles in den gewässerten RÖMERTOPF® schichten. Eine Schwitze aus Butter, Mehl, Würfelbrühe, Zitronensaft, Worchester-Soße und Pfeffer in der Pfanne anrühren und über das Gemüse geben. Die Krabben in der Pfanne leicht anschmoren, darauf verteilen. Topf schließen.

Gemüsetopf
(Italien)

Hier werden Möhren, Zucchini, Tomaten und Frühlingszwiebeln gemischt. Mit 3 EL Olivenöl, gut mit gepresstem Knoblauch gewürzt, beträufeln. 1 Pfefferschötchen zerschneiden, darauf streuen. Mit 1 Tasse Tomatensaft aufgießen, mit Rosmarin und Salbei würzen.

Gemischtes Gemüse Ratatouille
(Frankreich)

Schmeckt kalt und warm gleich gut.

Garzeit ca. 1,5 Stunden bei 180 °C
Je ca. 200 g Paprikaschoten, Zucchini, Auberginen und Zwiebeln,
4 Knoblauchzehen, 4 Tomaten, Salz, frisch gemahlener Pfeffer,
2 EL gehackte Petersilie,
1 TL Trocken-Kräutermischung der Provence, 1/8 l Weißwein,
2 EL Olivenöl.
Nährwert p. P. ca. 150 kcal = 627 kJ

Alles Gemüse vorbereiten, grob zerschneiden und in den gewässerten RÖMERTOPF® legen. Die Tomaten darüber geben. Mit den Gewürzen und Kräutern bestreuen. Mit dem Wein und dem Öl begießen, den Topf schließen.

Gemischtes Gemüse
(Spanien)

Das fertige Gemüse noch sehr heiß mit einem verquirlten rohen Ei verrühren.

Gemischtes Gemüse
(Türkei)

Joghurt unter das fertige Gemüse mischen, evtl. mit Knoblauch und Kurkuma nachwürzen.

Exotisches Gemüse Sprossen-Bohnen-Topf
(Indien)

Eine sehr aparte Beilage zu gegrilltem Fleisch

Garzeit ca. 45 Minuten
1 großer Kopf Blumenkohl, 100 g Kartoffeln, etwas Ingwerpulver, 2 Knoblauchzehen,
1 große Zwiebel, Salz, 2 EL Öl, frisch gemahlener Pfeffer und Tabasco, etwas Kurkuma und Kreuzkümmel,
1 Prise Koriander, 1 EL Zitronensaft,
200 g Sojabohnen-Keime aus dem Glas oder selbst gekeimte.
Nährwert p. P. ca. 150 kcal = 627 kJ

Den Blumenkohl in Röschen zerteilen, gut waschen; mit den geschälten, klein gewürfelten Kartoffeln in den gewässerten RÖMERTOPF® geben. Mit Ingwerpulver, gepresstem Knoblauch, Salz und den gehackten Zwiebeln bestreuen. Das Öl mit den Gewürzen und Zitronensaft verrühren, mit 1/4 l warmen Wasser verdünnen, darüber gießen. Den Topf schließen. 10 Minuten vor Garzeitende die Sojabohnen-Keime unterheben.

Dazu passt Paprika-Reis.

DIE IDEALE ERGÄNZUNG DES MAHLS: BEILAGEN, DIE ALLES NOCH BESSER MACHEN

Bereiten Sie das Hauptgericht dieses Mal auf dem Herd zu?
Nun können Sie Ihren RÖMERTOPF® für die Zubereitung köstlicher Beilagen nutzen.
Kartoffeln, Reis, Nudeln, Polenta und Couscous gelingen einfach perfekt.

Kartoffeln

Bekannt ist, dass die Kartoffel viele Vitamine und Mineralstoffe an das Kochwasser abgibt und damit an Eigengeschmack einbüßt.
Sind Kartoffeln aber ohne Aromaverlust in Holzkohlenglut gebraten, schwärmt jeder davon, der sie je gegessen hat. Auch Sie können sich diesen unvergleichlichen Kartoffel-Genuss gönnen – mit dem RÖMERTOPF®. Überraschen Sie doch die Feinschmecker im Freundeskreis und in der Familie – und natürlich sich selbst.

Aromatisch gegarte Kartoffeln

Garzeit ca. 75 Minuten

10 möglichst gleich große, mehlig kochende Kartoffeln, 2 EL Butter, Salz, frisch gemahlener Pfeffer, evtl. etwas Kümmel.

Nährwert je nach Größe der Kartoffeln.

Die Kartoffeln schälen und nebeneinander in den gewässerten RÖMERTOPF® legen. Mit Butterflöckchen belegen, mit Salz, Pfeffer und evtl. Kümmel bestreuen. Den Topf schließen.

Natürlich ergeben so gegarte Kartoffeln:

Kartoffelbrei, besonders aromatisch

Kartoffeln schälen, vierteln, salzen und pfeffern. Mit 2 Tassen Milch im RÖMERTOPF® wie oben beschrieben garen. Nach dem Garen einfach verrühren!

Kartoffel-Gulasch

Garzeit ca. 1 Stunde

800 g Kartoffeln, 250 g Zwiebeln, 50 g Butterschmalz, Salz, frisch gemahlener Pfeffer, Kümmel, Paprika, Majoran, 1/4 l Brühe.

Nährwert p. P. ca. 300 kcal = 1.255 kJ

Die Kartoffeln schälen, waschen, in Scheiben schneiden und in den gewässerten RÖMERTOPF® geben. Die Zwiebeln abziehen, hacken, in der Pfanne auf dem Herd im Schmalz anbraten; auf den Kartoffeln verteilen. Mit den Gewürzen bestreuen, mit der Brühe begießen und noch etwas Wasser dazugeben, bis die Kartoffeln etwa zur Hälfte bedeckt sind.

Lauchkartoffeln
(Belgien)

Schichtweise Kartoffelscheiben und vorbereiteten, in dünne Ringe zerteilten Lauch einfüllen. Mit Brühe aufgießen, mit viel gehackter Petersilie und gemischten Kräutern würzen.

Kartoffelkuchen
(Russland)

Garzeit ca. 45 Minuten

800 g nach dem Grundrezept im RÖMERTOPF® gegarte Kartoffeln, 4 Eier, 100 g saure Sahne, Salz, Paprikapulver, 2 EL gehackte Petersilie, 40 g Butter.

Nährwert p. P. ca. 350 kcal = 1.464 kJ

Die Kartoffeln mit der Gabel zerdrücken, mit dem Eigelb und der Sahne glatt rühren. Das Eiweiß steif schlagen,

unterheben. Die Masse pikant mit Salz und Paprika abschmecken und Petersilie dazugeben. Mit der Hälfte der Butter den lt. Vorwort gewässerten RÖMERTOPF® ausfetten. Die Kartoffelmasse hinein streichen. Mit der übrigen, zerschnittenen Butter bedecken.
Den Topf schließen. In den letzten 10 Minuten den Deckel abnehmen.

Kartoffeln auf Savoyer Art

(Frankreich)

Garzeit ca. 1 Stunde

800 g Kartoffeln, 100 g Zwiebeln, 100 g Emmentaler Käse, 50 g Butter, 1/4 l Brühe, Salz, frisch gemahlener Pfeffer, geriebene Muskatnuss, 1 Tasse kräftige Würfelbrühe.

Nährwert p. P. ca. 350 kcal = 1.465 kJ

Die Kartoffeln schälen, in Scheiben schneiden; die Zwiebeln enthäuten, hacken; den Käse in dünne Scheibchen zerteilen. Die Zwiebeln in heißer Butter auf dem Herd anschmoren, abwechselnd mit Kartoffeln und Käse in den gewässerten RÖMERTOPF® schichten. Dazwischen und obenauf die Gewürze streuen. Mit der Brühe begießen und den Topf schließen.

Wenn Sie in den letzten 10 Garminuten Wurstscheiben auf die Kartoffeln legen und im offenen Topf fertig garen, brauchen Sie nur noch frischen Salat für eine vollwertige Mahlzeit.

Rösti

(Schweiz)

Garzeit ca. 45 Minuten

800 g gegarte, erkaltete Kartoffeln, 3 Zwiebeln, 2 EL Butter, 1/8 l saure Sahne, Salz, etwas geriebene Muskatnuss.

Nährwert p. P. ca. 250 kcal = 1.046 kJ

Die Kartoffeln abziehen, grob raffeln und in den gewässerten RÖMERTOPF® legen. Die Zwiebeln schälen, hacken, kurz in der Butter anbraten, über die Kartoffeln füllen. Die Sahne mit Salz und Muskat würzen, darüber gießen. Den Topf schließen.

Kartoffel-Stovies

(England)

Garzeit gut 1 Stunde

Hier werden rohe Kartoffeln verwendet und in Scheiben geschnitten. Statt saurer Sahne nur 4 EL Brühe verwenden, ein zwischen den Fingern zerriebenes Lorbeerblatt sowie Salz und gehackte Petersilie zwischen die Kartoffelscheiben streuen.

Kümmel-Kartoffeln

(Holland)

Garzeit ca. 45 Minuten

700 g gekochte Kartoffeln, 1 EL Butter, 125 g alter Holland-Gouda, Salz, frisch gemahlener Pfeffer, Kümmel, gehackte gemischte Kräuter, auch TK.

Nährwert p. P. ca. 300 kcal = 1255 kJ

Die Kartoffeln schälen, quer halbieren und dicht nebeneinander in den gewässerten, ausgebutterten RÖMERTOPF® legen. Den Käse grob raffeln, darüber streuen. Gewürze und Kräuter darauf verteilen, den Topf schließen. In den letzten 10 Minuten den Topf öffnen.

Dazu passen Salat oder Gemüse.

Käse-Kartoffeln

(Skandinavien)

Ersetzen Sie den geraffelten Käse durch Würfelchen von Doppelrahm-Frischkäse. Als Kräuter verwendet man den im Norden so geliebten Dill.

Folienkartoffeln
(Frankreich)

Garzeit gut 1 Stunde

... lieben nicht nur die Franzosen. Die Kartoffeln müssen jedoch nicht im „Silbermantel“ gegart werden – im RÖMERTOPF® gelingen sie vorzüglich.

Nährwert je nach Kartoffelgröße

Pro Person 2 mittelgroße, mehlige Kartoffeln gut unter fließendem Wasser abbürsten. Oben kreuzweise einschneiden und in den gewässerten RÖMERTOPF® legen, Deckel schließen. Die fertigen Kartoffeln sind an der Einschnittstelle verlockend aufgesprungen. Auf diese Stelle Butterflöckchen geben. Reichen Sie dazu eiskalte saure Sahne oder Creme fraiche, Salz und die Pfeffermühle. Und weitere, sehr kalte Butterflöckchen.

Kräuter-Kartoffeln
(Spanien)

Garzeit ca. 1 Stunde
800 g Kartoffeln, 4 EL Olivenöl,
1 Zwiebel, 2 Knoblauchzehen, Salz,
frisch gemahlener Pfeffer, 1 Bund Petersilie,
etwas Oregano, 1/2 l Brühe.
Nährwert p. P. ca. 250 kcal = 1.044 kJ

Die Kartoffeln schälen, vierteln, in dicke Scheiben schneiden, trocken tupfen; im Öl in der Pfanne unter ständigem Bewegen anbraten, geschälte Zwiebeln und Knoblauchzehen dazugeben. Alles in den gewässerten RÖMERTOPF® geben, salzen, pfeffern; mit gehackter Petersilie und Oregano bestreuen, mit der Brühe begießen und den Topf schließen.

Kartoffel-Rahm-Plättle
(Baden)

Garzeit ca. 1,5 Stunden
800 g mittelgroße festkochende Kartoffeln,
1 Zwiebel, 200 g Schlagsahne,
1 Tasse kräftige Instant-Brühe, 1 EL Mehl,
Salz, frisch gemahlener Pfeffer, Essig,
1/2 Bund Petersilie.
Nährwert p. P. ca. 450 kcal = 1.883 kJ

Die Kartoffeln nach Rezept auf Seite 104 im RÖMERTOPF® in 1 Stunde nicht völlig weich garen. Erkalten lassen, schälen, in nicht zu dünne Plättchen schneiden. In den gewässerten RÖMERTOPF® schichten. Die Zwiebeln reiben, mit Brühe, Sahne und Mehl verrühren. Kräftig säuern, salzen und pfeffern, weil die Kartoffeln Aroma aufsaugen. Mit der Petersilie vermischen, darüber verteilen. Topf schließen.

Ideal zu Frikadellen, aber auch nur mit Salat zu ergänzen.

Eiernudeln
(Frankreich)

Garzeit ca. 20 Minuten

Pro Person ca. 100 g gegarte Nudeln (Resteverwertung) mit 1 verquirltem Ei, Salz, frisch gemahlenem Pfeffer, etwas geriebener Muskatnuss und 1 EL gehackter Petersilie oder Schnittlauch vermischen. Die Masse in den gewässerten, ausgebutterten RÖMERTOPF® füllen, mit Butterflöckchen bestreuen, den Topf schließen.

Polenta
(Italien)

Garzeit knapp 1 Stunde
Salz, 200 g Polenta-Maisgrieß,
frisch gemahlener Pfeffer, 1 Zwiebel,
50 g Butter, 100 g geriebener Parmesankäse.
Nährwert p. P. ca. 350 kcal = 1.464 kJ

600 ml Salzwasser in den gewässerten RÖMERTOPF® geben, den Polenta-Grieß hinein rühren. Den Topf schließen. Nach 45 Minuten gut durchrühren. Die enthäutete, gehackte und in der Butter angebräunte Zwiebel und den Käse unterrühren.
Schmeckt auch kalt (in Scheiben geschnitten) und in Butter aufgebacken köstlich.

Passt zu Gemüsescheiben, wie Zucchini und Tomaten.

Couscous
(Nordafrika)

ist ein Verwandter der europäischen Polenta, wird jedoch nicht aus Maisgrieß, sondern aus feinem Weizenschrot bereitet. Diese Zutat erhält man in Geschäften für ausländische Spezialitäten bzw. in Naturkostläden. Man bereitet Couscous nach den Rezepten für Polenta. Couscous mit Zwiebelwürfeln, Möhrenwürfeln und Zucchinistücken zusammen mit Gemüsebrühe garen. Vor dem Servieren Petersilie und Butterflöckchen unterheben.

Anrichtevorschlag:
Auf einem Wirsingblatt servieren.

Polenta mit Tomaten
(Italien)

wie folgendes Rezept, nur 400 ml Wasser und 1 kleine Dose Tomaten verwenden.

Gnocchi aus dem Ofen
(Italien)

Garzeit ca. 30 Minuten
1/2 l Milch, 125 g Grieß, Salz,
100 g geriebener Parmesan, 50 g Butter,
1 großes Ei.
Nährwert p. P. ca. 350 kcal = 1.464 kJ

Die Milch zum Kochen bringen, salzen; langsam den Grieß einrühren und unter Rühren kochen, bis ein dicker Brei entstanden ist. 2 EL Parmesan und 2 EL Butter, zuletzt das Ei einarbeiten; die Masse erkalten lassen. Den RÖMERTOPF® lt. Vorwort wässern. Mit einem zwischendurch immer wieder in kaltes Wasser getauchten Esslöffel von der Grießmasse Nocken abstechen, hinein legen. Die übrige Butter in Flöckchen zerteilen, mit dem restlichen Käse darauf streuen. Den Topf bedecken. Währen der letzen 5 Minuten den Deckel abnehmen.

Reis

... soll trocken und körnig sein. Das lässt sich auf dem Herd nur schwer verwirklichen ohne Anbrenn-Gefahr. Ohne Schwierigkeiten gelingt Reis im RÖMERTOPF®, denn die Gar-Bedingungen im RÖMERTOPF® kommen den Forderungen für ideales Gelingen entgegen. Mit wenig Flüssigkeit kann Reis ohne Umrühren bei milder Hitze dünsten.

Reis-Grundrezept

Garzeit 40 Minuten

3 Tassen gewaschenen, auf einem Sieb abgetropften, Reis in den gewässerten RÖMERTOPF® schütten.
Mit 4 1/2 Tassen Brühe oder Wasser, die auch mit Currypulver gewürzt sein können, aufgießen. Den Topf schließen. In den letzten 10 Minuten bei offenem Topf abdampfen lassen. Vorsichtig etwas Butter und/oder gehackte Petersilie untermischen.

Mein Reis

In 1 EL Butter oder Olivenöl 1 gehackte Zwiebel anschwitzen, den Reis dazuschütten und mit rösten bis er glasig ist, aber keinesfalls Farbe angenommen hat. 5 Minuten wallend kochen lassen. Dann in den (diesmal mit warmen Wasser) angefeuchteten RÖMERTOPF® gießen, den Topf schließen. Hier genügen 30 Minuten Garzeit.

Champignon-Reis

50 g Champignons vorbereiten, scheibeln, mitgaren.

Risi-Bisi

Unter den Reis 250 g TK-Erbsen mischen. Mit Estragon und etwas geriebenem Käse würzen.

Risotto

(Italien)

Für die Grundmenge von 3 Tassen Reis 3 1/2 Tassen Brühe und 1 Tasse Weißwein verwenden. Mit Safran würzen.
1 Markknochen mitgaren, den Risotto mit Butterflöckchen und dem klein geschnittenem Knochenmark verfeinern. Evtl. noch etwas geriebenen Parmesankäse unterheben.

Zitronen-Reis

(Frankreich)

Den Saft von 1 Zitrone mitgaren. Der Reis wird dann würzig und bleibt wunderbar weiß.

Die folgenden Varianten mit Rosinen und Datteln, also süße Zutaten, ergänzen raffiniert Fleisch und anderes herzhaftes. Probieren Sie es doch aus!

Mandel-Reis

(Türkei)

Pro 250 g Reis 50 g Rosinen, 50 g gehackte Mandeln und 1 Prise Kurkuma mit garen.

Reis mit Datteln

(Türkei)

Pro 250g Reis 50 g klein geschnittene, getrocknete Datteln, etwas Safran und 50 g Pinienkerne unterheben.

DESSERTS, DIE ALLE SÜSS-SCHNÄBEL ENTZÜCKEN

Sie lieben das „süße Leben"? Dann sollten Sie sich, falls er nicht schon in Ihrem Küchenschrank steht, ganz schnell den RÖMERTOPF® für Desserts in der besonders attraktiven modernen Form besorgen.
Es empfiehlt sich, für Süßspeisen den RÖMERTOPF®-Dessert zu verwenden, damit sich die Aromen von süßen und von herzhaften Speisen nicht verfälschen.

Grießauflauf mit Kirschen

Abb. auf Seite 109

Garzeit ca. 1 Stunde
250 g Grieß, 1 l Milch, 1 Prise Salz,
80 g Zucker, 120 g Butter, 4 Eier,
1/4 Vanilleschote, 50 g Rosinen,
Vanillemark, 250 g Süß- oder Sauerkirschen,
frisch oder TK, evtl. abgetropft
aus der Konserve, Fett für die Form
Nährwert insges. ca. 3.500 kcal = 14.650 kJ

Die Milch mit dem Salz zum Kochen bringen, unter Rühren langsam den Grieß einrieseln lassen. Etwas abkühlen lassen. Den Zucker mit 80 g Butter, dem ausgeschabten Mark der längs aufgeschlitzten Vanilleschote und den Dottern der getrennten Eier schaumig rühren. Unter den Grießbrei mischen. Das Eiweiß steif schlagen, ebenfalls unterheben. Die Hälfte der Masse in die gewässerte, gefettete RÖMERTOPF®-Dessertform streichen, die vorbereiteten Kirschen darauf verteilen.
Mit dem übrigen Grießbrei bedecken und mit Butterflöckchen bestreuen. Topf schließen.

Quark-Brot-Auflauf

Garzeit ca. 1 Stunde
4 Brötchen, 200 g Sahne, 80 g Butter,
100 g Zucker, 1 Pä. Vanillinzucker,
1 Prise Salz, 2 EL Rum oder Zitronensaft,
1 TL abgeriebene Schale
von naturreiner Zitrone,
500 g Magerquark, 1/4 l Milch, 4 Eier,
1 Pä. Vanille-Puddingpulver,
100 g Rosinen (evtl. Rum-Rosinen),
50 g sehr fein geschnittenes Zitronat.
Außerdem Fett für die Form, 25 g Butter,
2 EL Zucker, 2 EL Mandelblättchen.
Nährwert insges. ca. 2.950 kcal = 12.340 kJ

Brötchen scheibeln, in einer Schüssel mit Sahne und Milch begießen und durchweichen lassen. Fett mit Zucker, Vanillezucker, Salz, Rum oder Zitronensaft und den Dottern der getrennten Eier schaumig schlagen. Zitronenschale, Quark, Pudding-Pulver sowie die eingeweichten Brötchen unterrühren, sodass eine glatte Masse entsteht. Zuletzt die mit kaltem Wasser überbrausten Rosinen, das Zitronat und das steif geschlagene Eiweiß unterheben.
In die gewässerte, gebutterte RÖMERTOPF®-Dessertform füllen und mit Butterflöckchen besetzten. Mit den Nüssen und dem Zucker bestreuen. Topf schließen. In den letzten 15 Minuten Deckel entfernen.

Quark-Apfel-Auflauf

Garzeit und Nährwert
wie Brötchen-Quark-Auflauf.

Zutaten wie Brötchen-Quark-Auflauf, jedoch nur mit 2 Brötchen, dazu 4 kräftig schmeckende Äpfel und Zimtpulver nach Geschmack.
Äpfel schälen, achteln und vom Kerngehäuse befreien. Unter die Quarkmasse heben.
Der Zucker zum Bestreuen wird gut mit Zimt gemischt.

Dampfnudeln mit Zimt-Pflaumen

Garzeit ca. 45 Minuten
1 Pä. Trockenhefe, 85 g Zucker,
1/2 l Milch, 500 g Mehl, Salz, 2 Eier,
110 g Butter.
Zum Bestreuen 100 g Butter,
20 g gemahlene Haselnüsse, 2 EL Zucker.
Außerdem Mehl zum Ausarbeiten.
Nährwert ohne Zimtpflaumen
insges. 4.100 kcal = 17.160 kJ
Zimtpflaumen laut folgenendem Rezept.

Hefe mit 1 TL Zucker in 1/4 l lauwarmer Milch auflösen. Mehl, Salz, 2 EL Zucker, Eier und 80 g zerlassene lauwarme Butter dazukneten, Teig so lange schlagen, bis er Blasen wirft, dann unter einem Tuch bei guter Zimmertemperatur ca. 30 Minuten auf doppelte Größe aufgehen lassen. Noch einmal gut durchkneten. Übrige Milch mit restlicher Butter, Zucker und etwas Salz in einem Topf erwärmen, bis sich der Zucker aufgelöst hat. Die lauwarme Flüssigkeit in die RÖMERTOPF®-Dessertform gießen, Form in lauwarmes Wasser stellen. Teig noch einmal durchkneten, etwa Ei-große Stücke abnehmen und hinein setzen. Topf schließen, 20 Minuten so wässern. Bei 175 °C (Umluftherd ca. 160 °C, Gas Stufe 2) backen. Topf keinesfalls vor Ende der Backzeit öffnen.
Mit einem Gemisch aus gebräunter Butter, Zucker und Nüssen bestreuen.

Ideale Beilage: Frische oder TK-Pflaumen vorbereiten, mit Zucker und Zimt weich dünsten, kalt werden lassen.

Reisauflauf Trauttmannsdorff

Garzeit ca. 45 Minuten
150 ml Milch, 1/4 Vanilleschote,
150 g Milchreis, 80 g Zucker,
1 TL abgeriebene Schale
einer naturreinen Zitrone,
50 g gestiftelte Mandeln,
1 Prise Salz,
100 g klein geschnittene kandierte Früchte,
200 g Sahne,
Fett für die Form
Nährwert insges. ca. 2.300 kcal = 9.625 kJ

In einem Topf auf dem Herd die Milch mit 150 ml Wasser zum Kochen bringen, mit Salz, Vanilleschote, Reis und Zucker ca. 5 Minuten kochen, dann auf Handwärme abkühlen lassen. Vanilleschote herausnehmen, Zitronenschale und Mandeln untermischen.
In die gewässerte, ausgebutterte RÖMERTOPF®-Dessertform füllen. Bedeckt bei 175 °C (Umluftherd ca. 160 °C, Gas Stufe 2) garen. Vor dem Servieren steif geschlagende Sahne und die kandierten Früchte vorsichtig unterheben, mit vorbereiteten frischen Früchten garniert reichen.

Schichtkäse-Auflauf mit Birnen

(Schmeckt auch mit Rhabarber sehr gut!)

Garzeit ca. 50 Minuten
750 g weiche Birnen (evtl. aus dem Glas)
4 EL Apfelsaft, 90 g Zucker,
500 g Schichtkäse (10 % Fett),
1 Prise Zimtpulver, 3 Eier,
75 g Zwieback-, Kuchen- oder
Butterkeks-Brösel, 1/4 l Buttermilch.
Nährwert je nach verwendeten Bröseln.

Birnen schälen, vierteln und vom Kerngehäuse befreien, in Spalten schneiden. Im Apfelsaft ein paar Minuten kochen. Früchte aus der Konserve in Spalten zerteilen, 4 EL der Flüssigkeit aus dem Glas mitverwenden. Schichtkäse mit 1 Ei, der Birnenflüssigkeit und 50 g Zucker glatt rühren. RÖMERTOPF®-Dessertform wässern, gut ausbuttern und mit Zwiebackbröseln ausstreuen. Schichtweise die Quarkmasse, Birnen und Zwieback einfüllen. Übrige Eier, Zucker und Buttermilch verrühren, darüber gießen. Topf schließen. Backhitze 200 °C (Umluftherd 180 °C, Gas Stufe 3). Letzte 15 Minuten Deckel entfernen.

Schokoladen-Auflauf

Garzeit ca. 30 Minuten
50 g Butter, 5 Eier,
je 50 g Milch- und Halbbitter-Kuvertüre,
100 g Semmelbrösel, 2 EL Weinbrand,
50 g gestiftelte Mandeln, 1 Prise Salz,
Butter für die Form.
Nährwert insges. ca. 2.100 kcal = 8.788 kJ

Die Butter zimmerwarm werden lassen, mit den Dottern der getrennten Eier schaumig schlagen. Im Wasserbad die zerschnittene Kuvertüre cremig werden lassen, durchrühren, untermischen. Semmelbrösel, Weinbrand und gestiftelte Mandeln unterheben. Eiweiß mit Salz sehr steif schlagen, vorsichtig unterheben. In die gewässerte, gut ausgebutterte RÖMERTOPF®-Dessertform füllen, Topf schließen. Bei 175 °C (Umluftherd ca. 160 °C, Gas Stufe 2) backen.
Bitte während des Backens nicht öffnen, Auflauf fällt sonst zusammen!

Heiß mit Vanille-Eis servieren.

DIE MAG JEDER, DIE SCHMECKEN IMMER: OMAS BESTE SUPPEN UND EINTÖPFE

Suppen müssen keine schnelle Sache sein – erst langes Köcheln macht sie richtig rund im Geschmack! Natürlich verlangen gerade Suppen mit getrockneten Hülsenfrüchten und sehr langer Garzeit nach einer Methode, bei der sie nicht dauernd beaufsichtigt werden müssen. Dafür ist der RÖMERTOPF® wie geschaffen. Das Gleiche gilt für Eintöpfe. Kenner guter Küche schätzen ihn immer mehr.
Sie wissen, dass ein echter Eintopf stundenlang ruhig „vor sich hin" köcheln will, um den abgerundeten, vollen Geschmack zu bekommen, den Sie so lieben.

Ihr RÖMERTOPF® hält alle aromatische Feuchtigkeit und lässt Sie die Schwierigkeiten beim Garen auf dem Herd vergessen. Der Eintopf schmort, herrlich duftend, in der Röhre, setzt nicht an und braucht keine direkte Aufsicht. RÖMERTOPF®-Eintöpfe schmecken einfach einmalig.
Übrigens können Eintöpfe gar nicht lange genug köcheln. Wenn Sie Ihrem Eintopf im RÖMERTOPF® vier oder gar fünf Stunden – Temperatur von nur 130 Grad - lassen, um so besser!
Übrigens ist unser Allround-Talent RÖMERTOPF® auch ideal, wenn es um Wieder-Aufwärmen von Suppen und Eintöpfen geht, die ja dann, wie man weiß, besonders gut schmecken.
Sie finden hier folgend alle unsere Suppen- und Eintopf-Rezepte alphabetisch geordnet.

Blindhuhn
(Westfalen)

Garzeit ca. 2,5 Stunden
Bohnenkerne 10 Stunden vorweichen
200 g weiße Bohnenkerne,
350 g durchwachsener Räucherspeck,
1 EL Butter, 300 g grüne Bohnen,
300 g Möhren, 500 g Kartoffeln, 2 Äpfel,
1 Birne, Pfeffer, Salz,
1/2 l kräftige Würfelbrühe, 1 TL Zucker,
2 EL gehackte Petersilie.
Nährwert p. P. ca. 700 kcal = 2.930 kJ

Eingeweichte Bohnenkerne mit dem Einweichwasser in den gewässerten RÖMERTOPF® geben. Den Speck würfeln, in der Pfanne in Butter anbraten, dazugeben. Bohnen, Möhren, Kartoffeln und Obst vorbereiten, grob schneiden und untermischen. Mit der Brühe begießen, den Topf schließen.
Den fertigen Eintopf mit Salz, Pfeffer und Zucker abschmecken, die Petersilie untermischen.

Bohnen-Sauerkraut-Topf
(Belgien)

Garzeit ca. 2,5 Stunden
Bohnenkerne 10 Stunden vorweichen
200 g weiße getrocknete Bohnenkerne,
2 Möhren, je 400 g Sauerkraut,
Kartoffeln und Schweinebauch, Salz,
frisch gemahlener Pfeffer, 2 Zwiebeln,
1 EL Butter.
Nährwert p. P. ca. 800 kcal = 3.348 kJ

Die eingeweichten Bohnen mit dem Einweichwasser in den gewässerten RÖMERTOPF® geben. Die Möhren schrappen, zerkleinern. Das Sauerkraut zerpflücken. Die geschälten Kartoffeln würfeln, ebenso das Fleisch. Alles mit dem Sauerkraut vermischen, etwas salzen, gut pfeffern, den Topf schließen. Die gehackten Zwiebeln in der Pfanne in Butter anbräunen und vor dem Anrichten darüber streuen.

Borschtsch
(Russland, Polen)

Garzeit ca. 2,5 Stunden
500 g Weißkohl, 500 g rote Beete,
2 EL Zitronensaft,
300 g Rindfleisch oder Schinken,
1 EL Mehl, 1 l Brühe, einige Pfefferkörner,
1 Knoblauchzehe, Salz,
je 2 EL gehackte Petersilie und Dill,
100 g Creme fraiche.
Nährwert p. P. je nach verwendetem Fleisch.

Den Weißkohl grob schneiden; rote Beete schälen, grob raffeln; in den gewässerten RÖMERTOPF® geben, mit Zitronensaft beträufeln. Fleisch oder Schinken in Streifen schneiden, darüber verteilen. Mit dem Mehl bestäuben, mit der Brühe begießen; mit Pfefferkörnern und gepresstem Knoblauch würzen. Den Topf schließen. Abschließend vorsichtig untereinander heben und mit

Salz abschmecken, mit den Kräutern vermischen. Auf jede Portion eisgekühlte Creme fraiche geben.

Erbsensuppe

Garzeit ca. 2,5 Stunden
Erbsen 10 Stunden einweichen.
100 g getrocknete grüne Erbsen,
150 g Kasseler Rippenspeer, 1 Markknochen,
3 Kartoffeln, 1 großer Bund Petersilie,
1/4 l Weißwein, Suppenwürze.
Nährwert p. P. ca. 500 kcal = 2.093 kJ

Die eingeweichten Erbsen mit dem Wasser in den gewässerten RÖMERTOPF® geben. Das Kasseler Fleisch grob würfeln, mit dem Markknochen und den geschälten, geschnittenen Kartoffeln und einigen Stengeln Petersilie unterheben. Den Topf schließen.
Nach 2 Stunden die Petersilienstengel heraus nehmen. Den Weißwein angießen, verrühren, die Suppe mit Suppenwürze abschmecken. Mit dem herausgedrückten, gewürfelten Knochenmark und fein geschnittener Petersilie verfeinert servieren.

Fischertopf
(Holland)

Garzeit ca. 1,5 Stunden
500 g Kartoffeln, 600 g grüne Bohnen,
2 EL Mehl, 1/4 l Milch, 250 g Räucherfisch,
2 Tomaten, 150 g Gouda, Salz,
frisch gemahlener Pfeffer, 2 EL Butter.
Nährwert p. P. ca. 550 kcal = 2.300 kJ

Die Kartoffeln schälen und würfeln. Die vorbereiteten Bohnen brechen. In den gewässerten RÖMERTOPF® geben. Mit dem Mehl bestäuben, mit der Milch begießen. Den Fisch enthäuten, von Gräten befreien, zerpflücken. Die gewaschenen, vom Stielansatz befreiten Tomaten in Scheiben schneiden. Beides darauf geben, den Topf schließen. Nach einer Stunde mit dem grob geriebenen Käse bestreuen, salzen und pfeffern und geschnittene Butter darauf verteilen.

Fleisch-Gemüsetopf „Bolaggio“
(Italien)

Garzeit ca. 2 Stunden
Bohnen 10 Stunden vorweichen.
150 g magerer, gesalzener,
jedoch ungeräucheter Schweinebauch,
300 g Schweinefleisch von Hals
oder Schulter, 1 Zwiebel, 2 Möhren,
4 Tomaten, 1 Knoblauchzehe,
150 g Weißkohl, 150 g über Nacht
eingeweichte weiße Bohnen,
frisch gemahlener Pfeffer, Rosmarin,
Thymian, 1/4 l Würfelbrühe, 1 EL Butter,
evtl. noch etwas Salz.
Nährwert p. P. ca. 550 kcal = 2.302 kJ

Das Fleisch zu Gulasch würfeln, alles Gemüse klein schneiden. Alles mit den eingeweichten Bohnen und dem Einweichwasser in den gewässerten RÖMERTOPF® geben. Mit den Gewürzen bestreuen, mit der Brühe begießen, den Topf schließen. Zuletzt die Butter unterheben und den Eintopf sehr vorsichtig mit Salz abschmecken.

Geflügel-Nudeltopf

Garzeit ca. 1 Stunde
400 g Truthahn-Schnitzel, Salz,
frisch gemahlener Pfeffer, 2 EL Butter,
1/2 Lorbeerblatt, 1 Knoblauchzehe,
1 Bund Suppengemüse,
400 g TK-Mischgemüse, 3/4 l Brühe,
2 Tomaten, 250 g beliebige Nudeln.
Nährwert p. P. ca. 500 kcal = 2.092 kJ

Das Fleisch waschen, trocken tupfen, in dicke Scheiben schneiden; salzen und pfeffern und in 1 EL Butter in der Pfanne anschmoren. In den gewässerten RÖMERTOPF® füllen. Das Lorbeerblatt, die geviertelte Knoblauchzehe, das zerkleinerte Suppen- und das Mischgemüse dazugeben. Mit der Brühe aufgießen und den Topf schließen.
Nach 30 Minuten enthäutete und geviertelte Tomaten und Nudeln unterheben. Den fertigen Eintopf mit Salz und Pfeffer abschmecken, mit Butterflöckchen belegen.

Gemüsesuppe süß-sauer
(China)

Garzeit ca. 1 Stunde
200 g Schweinefilet, 1 EL Öl,
100 g Bambussprossen,
100 g beliebige Pilze, 1 Zwiebel,
3/4 l Hühnerbrühe, 1 EL Sojasoße,
1 EL Essig, 1 EL Speisestärke, Salz, Zucker,
25 g Glasnudeln, 1 EL gehackte Petersilie.
Nährwert p. P. ca. 150 kcal = 627 kJ

Vorbereitetes Fleisch in Plättchen schneiden, kurz in Öl anbraten und in den gewässerten RÖMERTOPF® geben. Bambussprossen, zerkleinerte Pilze und in feine Ringe geschnittene Zwiebeln dazugeben. Mit der Brühe aufgießen, Sojasoße und Essig dazugeben. Den Topf schließen. Die fertige Suppe mit in etwas Wasser angerührter Speisestärke binden, mit Salz und Zucker abschmecken. Zuletzt die Glasnudeln und die Petersilie einrühren.

Graupensuppe
(England)

Garzeit ca. 1,5 Stunden
2 EL Graupen, 2 Bund Suppengemüse,
250 g Lammfleisch, 1 weißes Rübchen,
1 L Brühe.
Nährwert p. P. ca. 250 kcal = 1.046 kJ

Die Graupen mit dem vorbereiteten, zerkleinerten Suppengemüse in den gewässerten RÖMERTOPF® geben. Das gewaschene Fleisch klein schneiden. Das Rübchen schälen, ebenfalls würfeln. Mit der Brühe aufgießen. Den Topf schließen.

Hackfleisch-Brokkoli-Topf
(Schweiz)

Garzeit ca. 1,5 Stunden
500 g Brokkoli-Röschen, 700 g Kartoffeln,
400 g Rinder-Hackfleisch, etwas Sojasoße,
Tabasco, 1 Knoblauchzehe,
1 Tasse Würfelbrühe,
1/2 TL Trocken-Kräutermischung,
100 g Sahne, Salz, Pfeffer, 30 g Butter,
geriebene Muskatnuss,
50 g geriebener Käse.
Nährwert p. P. ca. 700 kcal = 2.929 kJ

Die Brokkoli-Röschen in den gewässerten RÖMERTOPF® legen. Die Kartoffeln schälen, in Scheiben hobeln und darauf

geben. Das Hackfleisch mit Sojasoße, Tabasco, gepresstem Knoblauch, Kräutern und etwas Sahne verkneten, salzen und pfeffern; darauf verteilen. Mit der Brühe und mit Salz, Pfeffer und Muskat gewürzter Sahne begießen.
Nach einer Stunde mit Käse bestreuen und Butterflöckchen aufsetzen. In der letzten Viertelstunde den Topf offen lassen.

Hotpot
(England)

Garzeit ca. 2,5 Stunden
Je 250 g Lammfleisch,
geräucherte Wurst,
Tomaten und Zwiebeln,
1 säuerlicher Apfel,
500 g Kartoffeln, etwas Pfefferminze,
Salz, einige Pfefferkörner, 1/4 l Brühe,
1 EL Butter, 2 EL gehackte Petersilie.
Nährwert p. P. je nach Wurstsorte.

Das Fleisch waschen, trocken tupfen, würfeln; die Wurst in dicke Scheiben schneiden; Gemüse, den Apfel und die Kartoffeln würfeln.
Alles im gewässerten RÖMERTOPF® vermischen. Mit zwischen den Fingern zerriebener Pfefferminze, dem Salz und den Pfefferkörnern bestreuen, mit Brühe begießen und Topf schließen.
Den fertigen Hotpot abschmecken, mit Butter und Petersilie verfeinern.

Hühnertopf
(Frankreich)

Garzeit ca. 1,5 Stunden
1 kleines Hähnchen, 2 EL Butter,
3/8 l Weißwein, Salz,
frisch gemahlener Pfeffer, 1 EL Mehl,
300 g Champignons,
50 g kernlose Oliven,
250 g Würstchen nach Wahl,
3 hart gekochte Eier, 250 g Blätterteig.
Nährwert p. P. je nach
verwendeten Würstchen.

Das rohe Hähnchen vierteln, dann von den Knochen befreien. Das ist zwar umständlich, für dieses Gericht jedoch absolut erforderlich. Die Fleischstücke in den gewässerten RÖMERTOPF® geben, Butterflöckchen darauf streuen. Den Topf schließen. Nach 30 Minuten 1 Tasse erwärmten Wein dazugießen, mit Salz und Pfeffer würzen. Nach einer weiteren halben Stunde mit Mehl bestreuen, dann übrigen Wein und die blättrig geschnittenen Pilze dazugeben. Wurstscheiben, geviertelte Oliven und Eierscheiben darauf schichten.
Die Blätterteig-Scheiben auf der Arbeitsplatte einander leicht überlappend nebeneinander legen und darüber rollen, sodass eine einzige große Platte entsteht, die etwas größer ist als die Öffnung des RÖMERTOPFES®. Darauf legen und an den Rändern andrücken. Den Topf wieder schließen. In den letzten 20 Minuten den Deckel abnehmen, sodass die Blätterteig-Haube leicht gebräunt wird.

Wenn es Ihnen bei Hühnertöpfen mehr auf das Aroma als auf viel Fleisch ankommt, können immer auch die sehr preiswerten Hühnerteile verwendet werden.

Irish Stew
(Irland, England)

Garzeit ca. 2 Stunden
500 g mageres Lammfleisch,
200 g Zwiebeln, 200 g Weißkohl,
200 g Wirsingkohl, 200 g grüne Bohnen,
500 g Kartoffeln, Salz, 200 g Möhren,
frisch gemahlener Pfeffer, 1 TL Kümmel,
1 1/2 Tassen Brühe, 2 EL Butter,
2 EL gehackte Petersilie.
Nährwert p. P. ca. 500 kcal = 2.092 kJ

Das Fleisch waschen und trocken tupfen, würfeln. In den lt. Vorwort gewässerten RÖMERTOPF® legen. Das Gemüse vorbereiten, zerkleinern, dazugeben. Die Kartoffeln schälen, würfeln, darauf verteilen. Salzen und pfeffern, mit dem Kümmel bestreuen. Mit der Brühe begießen, 1 EL Butter dazugeben. Den Topf schließen. Mit der übrigen Butter und Petersilie verfeinern, abschmecken.

Jambalaya
(Lateinamerikanischer Reistopf)

Garzeit ca. 45 Minuten
Je 200 g kräftig schmeckende Wurst
und magerer roher Schinken,
2 Zwiebeln, 1 Knoblauchzehe, 2 EL Öl,
1 Paprikaschote, 3 Tomaten,
1 1/2 Tassen Reis, 1 Lorbeerblatt,
1 scharfe Pfefferschote,
150 g essfertige Krabben.
Nährwert p. P. je nach verwendeter Wurstsorte.

Die Wurst in Scheibchen, den Schinken in Würfel schneiden; Zwiebeln und Knoblauch hacken. Alles in der Pfanne in Öl anbraten, dann in den gewässerten RÖMERTOPF® geben. Die Paprikaschote vorbereiten; die Tomaten enthäuten; beides würfeln und dazulegen. Mit dem Reis bestreuen, mit 3 Tassen Wasser aufgießen. Lorbeerblatt und Pfefferschote zugeben und den Topf schließen. 10 Minuten vor Ende der Garzeit das Gericht mit Salz und Pfeffer abschmecken und die Krabben unterheben.

Kohlsuppe
(Schweden)

Garzeit ca. 1,5 Stunden
1 Zwiebel, 1 Lauchstange, 2 Kartoffeln,
ca. 300 g Weißkohl, 200 g Schinkenspeck,
3/4 l Brühe, Pfeffer, 1 EL gehackte Petersilie,
1 EL Butter, etwas Zitronensaft.
Nährwert p. P. ca. 450 kcal = 1.883 kJ

Alles Gemüse vorbereiten, zerschneiden. Den Schinkenspeck in Streifen zerteilen. Mit der Brühe in den gewässerten RÖMERTOPF® geben. Den Topf schließen. Abschließend mit Pfeffer, Zitronensaft und evtl. noch etwas Salz abschmecken, mit Petersilie und Butter verfeinern.

Kartoffelsuppe

Garzeit ca. 75 Minuten
50 g magerer Räucherspeck,
200 g Rinder-Hackfleisch,
1 Bund Suppengemüse, 400 g Kartoffeln,
1 l Würfelbrühe, Majoran,
frisch gemahlener Pfeffer, Salz, 2 EL Butter.
Nährwert p. P. ca. 400 kcal = 1.674 kJ

Den Speck fein würfeln, in der Pfanne ausbraten; das Hackfleisch dazugeben und unter Zerpflücken mit anbräunen, ebenso das vorbereitete, zerkleinerte Suppengemüse. Alles in den gewässerten RÖMERTOPF® füllen. Die Kartoffeln schälen, würfeln, dazugeben; mit der Brühe begießen; mit Majoran und Pfeffer würzen. Den Topf schließen.

Zum Schluss mit Salz abschmecken und mit Butterflöckchen servieren.

Kohl-Djuvec
(Bosnien)

Garzeit ca. 1,5 Stunden
800 g Weißkohl, 400 g Lamm- oder Schweinefleisch, 4 EL Öl, 2 Zwiebeln,
2 Knoblauchzehen, 3 Tomaten, Salz,
100 g saure Sahne,
frisch gemahlener Pfeffer, 1 EL Mehl,
einige Pfefferschötchen.
Nährwert p. P. je nach verwendetem Fleisch.

Den Kohl vorbereiten, in Streifen schneiden. Das Fleisch waschen, trocken tupfen, in Gulaschstücke teilen; im Öl mit den gehackten Zwiebeln und Knoblauchzehen anschmoren. In den gewässerten RÖMERTOPF® geben. Die vorbereiteten Tomaten dazulegen. Mit Salz, Pfeffer und Mehl bestäuben, mit 1/4 l Wasser begießen. Den Topf schließen. Mit gehackten Pfeffer-Schötchen schärfen, mit der sauren Sahne verfeinern.

Krustentopf
(Schweiz)

In der Südschweiz bestreut man fertige Gemüse-Kartoffel-Fleischeintöpfe gerne mit 3 - 4 EL Zucker. Bis 100 g Butter in Flöckchen darauf verteilen, 10 Minuten bei 250 °C offen überbacken.

Couscous-Topf
(Tunesien)

Garzeit ca. 2 Stunden
200 g Lammfleisch, 200 g Rindfleisch,
200 g Hühnerfleisch ohne Knochen,
2 Knoblauchzehen, 3 EL Olivenöl,
1 Stange Lauch, 1 Stange Sellerie,
2 Tomaten, 1 kleine Aubergine,
je 1/2 Msp Kreuzkümmel und Kardamom,
je 1 Prise Ingwerpulver und Zimt, Salz,
150 g Couscous (feiner Weizenschrot aus dem Naturkostladen), Paprikapulver.
Nährwert p. P. ca. 600 kcal = 2.512 kJ

Das Fleisch waschen, trocken tupfen, würfeln und mit dem gepressten Knoblauch im Öl von allen Seiten anbraten. In den gewässerten RÖMERTOPF® geben. Mit dem zerkleinerten Gemüse und den Gewürzen bestreuen.
Den Couscous darauf verteilen, mit ca. 350 ml Wasser begießen. Den Topf schließen. Den fertigen Eintopf sehr scharf abschmecken.

Linsentopf, Frankfurter

Garzeit ca. 1,5 Stunden
Linsen 10 Stunden einweichen.
200 g Linsen, 1 Lorbeerblatt,
1 Knoblauchzehe, einige Pfefferkörner,
Thymian, 200 g Kasseler Fleisch, 1 Zwiebel,
1 Bund Suppengemüse, 600 g Kartoffeln,
1-2 EL Essig, Salz,
200 g Frankfurter Würstchen.
Nährwert p. P. ca. 550 kcal = 2.300 kJ

Die Linsen mit dem Einweichwasser, Lorbeerblatt, geviertelter Knoblauchzehe, Pfefferkörnern und Thymian in den gewässerten RÖMERTOPF® geben. Das Kasseler würfeln, dazumischen. Zwiebel und Suppengemüse vorbereiten, hacken, mit den geschälten, gewürfelten Kartoffeln dazugeben. Mit Essig leicht säuern. Den Topf schließen. Kurz vor dem Anrichten nachsalzen, die in Scheiben geschnittenen Würstchen unterheben.

Olla potrida-Suppentopf

(Spanien)

Garzeit ca. 3,5 Stunden bei 180 °C
Kichererbsen und Bohnen vorweichen.

Wegen der vielen verschiedenen Zutaten sollen Sie dieses spanische Nationalgericht gleich für 6 Personen, wie hier angegeben, zubereiten:

1 Markknochen,
je 250 g Rind-, Lamm- und Hühnerfleisch,
1 kleines Schweineohr,
je 100 g über Nacht eingeweichte
Kichererbsen und weiße Bohnen,
1 Bund Suppengemüse, einige Pfefferkörner,
1/2 Lorbeerblatt, 1 Gewürznelke,
250 g Kartoffeln, 250 g Weißkohl,
250 g Knoblauchwurst, etwas Safran,
frisch gemahlener Pfeffer.
Nährwert p. P. ca. 550 kcal = 2.300 kJ

Den Knochen und das klein geschnittene Fleisch waschen, mit den Hülsenfrüchten in den gewässerten RÖMERTOPF® füllen. Das Suppengemüse zerkleinern, darüber geben. Mit Gewürzen bestreuen, mit 2 Tassen Wasser aufgießen und den Topf schließen. Nach 2 Stunden grob geschnittene Kartoffeln und Weißkohl zugeben, dicke Wurstscheiben unterheben. Den in heißem Wasser aufgelösten Safran einrühren. Das fertige Gemüse vorsichtig untereinander heben und gut schärfen.

Ochsenschwanzsuppe

Garzeit ca. 3 Stunden
750 g Ochsenschwanz,
50 g magerer Räucherspeck, 1 Zwiebel,
1 Bund Suppengemüse, 3/4 l Würfelbrühe,
Salz, etwas Zucker, frisch gemahlener Pfeffer,
etwas Thymian, 1 EL Zitronensaft,
1 El Worchestershire-Soße, 4 EL Sherry,
3 EL Reis, 200 g saure Sahne.
Nährwert p. P. ca. 350 kcal = 1.464 kJ

Den Ochsenschwanz gleich beim Einkauf zerhacken lassen. Den Speck würfeln, in der Pfanne ausbraten; die Ochsenschwanzstücke kurz mitrösten, ebenso die gehackte Zwiebel und das vorbereitete Suppengemüse. In den gewässerten RÖMERTOPF® geben, mit der Hälfte der Brühe begießen, mit den Gewürzen bestreuen. Den Topf schließen. Zwischendurch erwärmte Brühe nachgießen. Nach 2 Stunden mit Zitronensaft, Worchestershire-Soße und Sherry abschmecken; den Reis einrühren. Die fertige Suppe mit Häubchen von leicht geschlagener Sahne reichen.

Pichelsteiner
(Süddeutschland)

Garzeit ca. 2 Stunden
500 g Zwiebeln, 500 g Kartoffeln,
500 g Möhren, 2 EL Butter,
500 g gemischtes Gulaschfleisch,
1 Markknochen, 1 Bund Suppengemüse,
Salz, frisch gemahlener Pfeffer,
reichlich Majoran, 1 Tasse Würfelbrühe.
Nährwert p. P. ca. 600 kcal = 2.510 kJ

Zwiebeln, Kartoffeln und Möhren vorbereiten, grob würfeln und in den gewässerten RÖMERTOPF® geben. Das gewaschene, trocken getupfte Fleisch in der Pfanne mit Butter von allen Seiten anbraten (dabei bewegen) und dazulegen. Den Markknochen und das zerkleinerte Suppengemüse darauf verteilen. Mit Gewürzen bestreuen, mit Brühe begießen und den Topf schließen. Fertiges Gericht nach Geschmack mit frischer Butter verfeinern.

Pilaff
(Serbien)

Garzeit ca. 45 Minuten
50 g fetter Räucherspeck, 2 EL Butter,
3 Zwiebeln, 3 Paprikaschoten,
400 g Schweinefilet, 2 Tassen Reis,
4 Tassen Würfelbrühe,
1 Döschen Tomatenmark, Salz,
50 g geriebener Käse, scharfes Paprikapulver.
Nährwert p. P. ca. 600 kcal = 2.510 kJ

Den Speck würfeln, in der Pfanne anbraten. Butter und in Streifen geschnittene Zwiebeln und Paprikaschoten mit dünsten. Das Schweinefilet in Scheiben schneiden, kurz mit anrösten. Alles in den gewässerten RÖMERTOPF® geben und Reis dazustreuen. Mit der Brühe begießen und den Topf schließen. Vor dem Anrichten Tomatenmark und Käse untermischen, mit Salz und Paprikapulver abschmecken.

Pilaff
(Türkei)

Statt Schwein Lammfleisch verwenden, kräftig mit Knoblauch würzen.

Pilaff überbacken
(Türkei)

200 g Joghurt mit 1 Bund gehackter Petersilie vermischen, darüber gießen, 10 Minuten im offenen Topf überbacken.

Gewürz-Pilaff
(Türkei)

Je 100 g gewürfelte Lammleber und Lammnieren mitgaren. Mit Pinienkernen, Zimt, Piment und viel Petersilie würzen.

Pilaff
(Kroatien)

Mit Kornschnaps würzen. 3 Eier mit einem gehackten scharfen Pfefferschötchen verquirlen, über das fertige Gericht gießen und noch 10 Minuten im geöffneten Topf garen.

Pilz-Risotto
(Spanien)

Garzeit ca. 40 Minuten
1 Zwiebel, 2 Knoblauchzehen, 1 EL Öl,
250 g Reis, 300 g Waldpilze, 2 Tomaten,
1 Bund Petersilie, 1/2 Lorbeerblatt,
Thymian, 200 ml Brühe, 150 ml Weißwein,
Salz, frisch gemahlener Pfeffer,
75 g Spargelspitzen, 100 g Sahne,
75 g magerer roher Schinken, 1 EL Butter.
Nährwert p. P. ca. 450 kcal = 1.883 kJ

Zwiebeln und Knoblauch häuten, hacken und im Öl in der Pfanne anschmoren. Den Reis dazugeben, leicht rühren und hellgelb anlaufen lassen; in den gewässerten RÖMERTOPF® füllen. In Scheiben geschnittene Pilze und die enthäuteten, geviertelten Tomaten sowie Petersilie, Lorbeer und Thymian dazugeben. Mit Brühe und Wein aufgießen, salzen, pfeffern und den Topf schließen. Nach 20 Minuten die Spargelspitzen, den in Streifen geschnittenen Schinken und die angewärmte Sahne untermischen. Den Eintopf abschmecken und mit Butter verfeinern.

Reis-Eintopf

(Kroatien)

Garzeit ca. 2 Stunden

350 g gemischtes Gulaschfleisch (Schweine-, Kalb-, Rind- und Lammfleisch, gemischt), 1 großer Markknochen, 200 g Zwiebeln, 500 g Tomaten, 1 Paprikaschote, 1 Knoblauchzehe, 1 Bund Suppengemüse, 200 g Joghurt, 1/2 l Brühe, Salz, frisch gemahlener Pfeffer, 250 g Reis, 1 EL Schweineschmalz.

Nährwert p. P. ca. 600 kcal = 2.510 kJ

Das Fleisch und den Knochen waschen, in den gewässerten RÖMERTOPF® legen. Die Zwiebeln und Tomaten abziehen, würfeln, darauf legen. Auch das übrige Gemüse vorbereiten, zerkleinern, darüber streuen. Mit dem Joghurt und der Brühe angießen, salzen, pfeffern. Den Reis im Schweinefett anrösten, dazugeben. Den Topf schließen.

Restetopf

Garzeit ca. 2 Stunden

250 g Bratenreste, 2 Zwiebeln, 1 großer Apfel, 500 g Bohnen, Erbsen oder Spargel (oder gemischtes Gemüse), 500 g Kartoffeln, 70 g Butter, 100 g geriebener Käse, 1/8 l Bratensaft, 1/8 l Sahne, Salz, frisch gemahlener Pfeffer, 2 EL gemischte gehackte Kräuter.

Nährwert p. P. je nach verwendeten Gemüse- und Fleischresten.

Den RÖMERTOPF® wässern. Zuerst die zerkleinerten Fleischreste, dann die gehackten Zwiebeln einfüllen. Den Apfel schälen, vom Kerngehäuse befreien, scheibeln und darauf geben. Das Gemüse und die geschälten, in dünne Blättchen geschnittenen Kartoffeln, bilden die nächsten Schichten. Die Hälfte von Butter und Käse darauf verteilen; mit dem Bratensaft und der Sahne beträufeln; salzen und pfeffern. Den Topf schließen. Zum Schluss vorsichtig untereinander heben, den restlichen Käse und die übrige Butter sowie die Kräuter dazumischen, nachschmecken.

Rindfleisch-Pilz-Topf

(Böhmen)

Garzeit ca. 40 Minuten

500 g nach dem Rezept Tellerfleisch von Seite 30 gegartes Rindfleisch (magere Teile), 1 Zwiebel, 2 EL Butter, 200 g beliebige Pilze, 1/8 l Weißwein, 2 EL Tomatenketchup, 1 EL fein gehackte Petersilie, Salz, frisch gemahlener Pfeffer, 2 EL Semmelbrösel.

Nährwert p. P. ca. 500 kcal = 2.093 kJ

Das Fleisch in Plättchen, die Zwiebel in feine Würfel schneiden; beides in der Pfanne in 1 EL Butter anbraten und in den gewässerten RÖMERTOPF® geben. Die Pilze scheibeln, darauf geben. Den Wein mit Tomatenketchup und Petersilie verquirlen, salzen und pfeffern, darüber gießen. Den Topf schließen. Die Semmelbrösel mit der übrigen Butter verkneten, in Flöckchen darauf verteilen, im offenen Topf noch 5–10 Minuten überkrusten lassen.

Dazu passen Salzkartoffeln oder Kartoffelbrei und viel grüner Salat.

Rindfleisch-Tomatentopf
(Nordafrika)

Garzeit ca. 2,5 Stunden
4 Zwiebeln, 8 Knoblauchzehen, 2 EL Öl,
800 g Rinder-Gulaschfleisch in großen Stücken, je 1/2 TL Kurkuma, Piment, Kardamom und Zimt,
1 Msp gemahlene Nelken, Salz,
1/1 Dose geschälte Tomaten.
Nährwert p. P. ca. 500 kcal = 2.092 kJ

Zwiebeln schälen, vierteln, den abgezogenen Knoblauch halbieren; beides in der Pfanne auf dem Herd im Öl anrösten, das gewaschene und trocken getupfte Fleisch dazugeben und von allen Seiten unter ständigem Bewegen anbräunen. Alle Gewürze mit den geschälten Tomaten in den gewässerten RÖMERTOPF® geben, das Fleisch untermischen, Topf schließen.

Dazu passt Reis.

Schtschi
(Gemüsesuppe Russland)

Garzeit ca. 1,5 Stunden
500 g Weißkohl, 1 Bund Suppengemüse,
1 EL Mehl, 1 l Brühe, Pfeffer, Salz,
2 EL Butter, 100 g Saure Sahne.
Nährwert p. P. ca. 200 kcal = 835 kJ

Den Weißkohl schneiden. Vom Suppengemüse die Petersilie zurück lassen, alles andere klein schneiden und mit dem Kohl in den gewässerten RÖMERTOPF® geben. Mit Mehl bestäuben und untereinander heben. Mit der Brühe begießen, salzen, pfeffern und den Topf schließen. Zum Schluss abschmecken, mit gehackter Petersilie, Butter und saurer Sahne verfeinern.

Spinatsuppe
(Holland)

Garzeit ca. 45 Minuten
200 g frischer oder TK-Spinat, 1 Zwiebel,
1 EL Butter, 1 l Brühe,
frisch gemahlener Pfeffer,
geriebene Muskatnuss,
100 g Gouda oder Edamer Käse,
2 EL gehackte Petersilie oder Kresse.
Nährwert p. P. ca. 150 kcal = 627 kJ

Tiefgekühlten oder klein geschnittenen frischen Spinat in den gewässerten RÖMERTOPF® geben. Mit der Brühe übergießen; mit Pfeffer und Muskat würzen. Den Topf schließen. Nach 30 Minuten geriebenen Käse untermischen, die Suppe nachschmecken. Vor dem Servieren mit den Kräutern bestreuen.

Stifado
(Griechenland)

Der berühmte Stifado wird wie der nordafrikanische Rindfleisch-Tomatentopf bereitet (Rezept auf dieser Seite). Man verzichtet aber auf Kurkuma, Piment und Kardamom und nimmt statt dessen ein Lorbeerblatt. Viele Zwiebeln mit verwenden! Das fertige Gericht mit gehackter Petersilie verfeinern.

Steckrüben-Topf
(Skandinavien, Norddeutschland)

Garzeit ca. 2 Stunden
Je 500 g Schweinenacken oder Schweinebauch, Steckrüben und Kartoffeln, 1 Zwiebel, 1/2 Lorbeerblatt, frisch gemahlener Pfeffer, Salz, Majoran, 1/2 l Brühe, 1 EL Butter.
Nährwert p. P. je nach verwendetem Fleisch.

Das gewaschene Fleisch und die vorbereiteten Steckrüben und Kartoffeln würfeln, mit Zwiebelwürfeln und Lorbeerblatt in den gewässerten RÖMERTOPF® geben. Mit Salz, Pfeffer und Majoran bestreuen. Mit der Brühe begießen, den Topf schließen. Abschließend nachschmecken, mit der Butter verfeinern.

Wursttopf mit Markklößchen

Garzeit ca. 60 Minuten
100 g durchwachsener Räucherspeck, 4 Zwiebeln, 1 Bund Suppengemüse, 1 große Kartoffel, 1 kleiner Kopf Blumenkohl, 1/2 l Brühe, 200 g beliebige Wurst, 100 g Knochenmark, 4 EL Semmelbrösel, 2 Eidotter, Salz, frisch gemahlener Pfeffer, 1 EL Mehl, geriebene Muskatnuss, 2 EL Schnittlauchröllchen.
Nährwert p. P. je nach verwendeter Wurstsorte.

Den gewürfelten Speck in der Pfanne ausbraten; gehackte Zwiebeln und das vorbereitete, zerkleinerte Suppengemüse mit anschmoren. In den gewässerten RÖMERTOPF® geben.
Die Kartoffeln schälen, würfeln; den Blumenkohl in Röschen zerteilen und dazugeben. Mit der Brühe aufgießen, den Topf schließen.
Inzwischen: Die Wurst enthäuten und in Scheibchen zerteilen. Für die Markklößchen das Knochenmark zerschneiden, in der Pfanne unter Rühren zerlassen. Leicht abkühlen, dann mit den Semmelbröseln und den Eidottern vermischen, salzen und pfeffern. Kleine Klößchen formen und im Mehl wenden. Nach ca. 45 Gar-Minuten vorsichtig in den Eintopf einlegen; die Wurststücke dazugeben. Den fertigen Eintopf mit Salz, Pfeffer und Muskat abschmecken und mit Schnittlauchröllchen verfeinern.

Weizen-Lamm-Topf
(Marokko)

Garzeit ca. 2 Stunden
Weizen 12 Stunden einweichen.
500 g Weizenkörner, 10 Zehen Knoblauch, 2 EL Öl, 400 g Lammfleisch, 2 Paprikaschoten, 50 g Rosinen, etwas Zimt, Safran und Ingwer, getrocknete oder frische Pfefferminze, Salz, frisch gemahlener Pfeffer, 2 Eier, 1/2 Bund Petersilie.
Nährwert p. P. ca. 750 kcal = 3.138 kJ

Den vorgeweichten Weizen unter fließendem Wasser abbrausen und in den gewässerten RÖMERTOPF® geben. Die Knoblauchzehen schälen, im Ganzen im erhitzten Öl anschmoren, dazugeben. Das gewürfelte Fleisch im gleichen Fett von allen Seiten anbräunen. Mit den geachtelten Paprikaschoten und den Rosinen zum Weizen geben, mit Gewürzen bestreuen. Zum Schluss mit den verquirlten, gewürzten Eiern und Petersilie mischen.

NR. 1 AUF DER KULINARISCHEN WUNSCHLISTE: AUFLÄUFE, DIE AUF DER ZUNGE ZERGEHEN

Aufläufe in geschlossener Form garen? Wundern Sie sich nicht, erproben Sie doch einfach unsere Rezepte. Lassen Sie sich überzeugen, dass der RÖMERTOPF® ein geradezu idealer Küchenhelfer dafür ist. Bisher bereiteten Sie die Auflaufmasse zu und füllten Sie in eine feuerfeste Form. So begann sich im Ofen gleich die knusprige Kruste zu bilden – die Zutaten im Inneren hatten nicht genügend Zeit, sich völlig zu verbinden und geschmacklich zu ergänzen. Der RÖMERTOPF® kann es besser! Hier entwickelt Ihr Auflauf dann sein volles, köstliches Aroma, probieren Sie es aus!

Aufläufe sind eine feine Sache, jeder mag sie, sie gelingen immer.
Im RÖMERTOPF® schmoren sie in Ruhe in der geschlossenen Form und erreichen so ihre Aroma-Vollendung.
Pasteten nannte man früher nur delikate Füllungen in einem Mantel aus Teig. Heute wird der Begriff viel weiter gefasst; was man heute Pastete nennt, unterscheidet sich oft nicht vom Auflauf. Wir haben deshalb beide Köstlichkeiten zusammen gestellt und alphabetisch geordnet.
Bei beiden nimmt man in der letzten Gar-Viertelstunde den RÖMERTOPF®-Deckel ab, sie werden offen überbacken und bilden eine köstliche Kruste.
Bei beiden lässt sich herrlich variieren. Würzen Sie doch, auch wenn im Rezept nicht angegeben, nach Art der genussbegabten Franzosen und Italiener, mit Kräutern, Pilzen und Wein. Spielen Sie, wie am östlichen Mittelmeer gebräuchlich, mit Mandeln, viel Petersilie, Zitrone und ausgefalleneren Gewürzen.

Blumenkohl-Fisch-Auflauf

(Skandinavien)

Garzeit ca. 45 Minuten
1 großer Kopf Blumenkohl,
700 g beliebiges Fischfilet (z. B. Lachsfilet),
1 Zitrone, 2 EL Butter,
100 g Doppelrahm-Frischkäse,
2 EL gehobelte Mandeln,
2 EL gehackter Dill, 1 EL Aquavit.
Nährwert p. P. ca. 350 kcal = 1.465 kJ

Den Blumenkohl in Röschen zerteilen, sehr gut waschen, in Salzwasser 5 Minuten vorkochen, abtropfen lassen. Das Fischfilet waschen, trocken tupfen, mit Zitronensaft beträufeln. Dann die Röschen abwechselnd mit dem Fisch in den lt. Vorwort gewässerten RÖMERTOPF® geben. Mit Butterflöckchen belegen. Alle anderen Zutaten mit 1 Tasse vom Blumenkohlsud verrühren, darüber gießen. Den Topf schließen.

Reichen Sie Kartoffeln zum Auflauf.

Käs'-Nudeln

(Südwestdeutschland, Schweiz)

Garzeit ca. 30 Minuten
350 g breite Nudeln, Salz,
4 große Zwiebeln,
100 g Butter,
150 g geriebener Käse,
100 g saure Sahne,
viel frisch gemahlener Pfeffer, 2 Tomaten.
Nährwert p. P. ca. 750 kcal = 3.138 kJ

Die Nudeln in Salzwasser nicht zu weich kochen. Inzwischen die Zwiebeln abziehen, würfeln und in der Pfanne mit Butter anschmoren; zusammen mit den gut abgetropften Nudeln in den gewässerten RÖMERTOPF® geben. Käse, Sahne, Salz und Pfeffer unterrühren. Die Tomaten mit kochendem Wasser überbrühen, enthäuten, in Würfelchen schneiden und beimischen. Den Topf schließen.

Käse-Soufflé
(Holland, Schweiz)

Garzeit ca. 55 Minuten
100 g Butter, 100 g Mehl,
1/4 l Milch, geriebene Muskatnuss, Salz,
frisch gemahlener Pfeffer, etwas Tabasco,
etwas Suppenwürze, 4 Eier,
200 g geriebener Käse,
je 2 EL gehackte Petersilie und Schnittlauch.
Nährwert p. P. ca. 550 kcal = 2.302 kJ

Den gewässerten RÖMERTOPF® sehr gut mit erwärmter Butter ausfetten, damit das Soufflé beim Aufgehen nicht am Topf hängen bleibt. In der übrigen Butter das Mehl anschwitzen; mit der Milch aufgießen, aufkochen lassen; mit Gewürzen abschmecken; von der Kochstelle nehmen. Die Eier trennen und die Dotter unterrühren, dann den Käse. Zuletzt das steif geschlagene Eiweiß und die Kräuter unterheben. In den Topf füllen, den Deckel aufsetzen.

Kartoffel-Gratin

Garzeit ca. 1 Stunde
1.000 g Kartoffeln, 50 g Butter, Salz,
frisch gemahlener Pfeffer,
50 g geriebener Käse,
geriebene Muskatnuss, 1 Zwiebel,
250 g Sahne.
Nährwert p. P. ca. 550 kcal = 2.300 kJ

Die Kartoffeln schälen und in Scheiben hobeln. Den gewässerten, gebutterten RÖMERTOPF® schichtweise mit Kartoffeln auslegen. Die einzelnen Schichten jeweils mit Salz und Pfeffer bestreuen und mit einer Mischung aus Sahne, Käse, Muskat und fein geriebenen Zwiebeln beträufeln. Mit der übrigen, in Flöckchen zerteilten Butter bestreuen und den Topf schließen.

Herzhaftes Kartoffel-Gratin
(Frankreich)

Zwischen zwei Lagen von Kartoffelscheiben 300 g gut gewürztes, mit 100 g Kräuter-Creme-Fraiche vermischtes Hackfleisch schichten.

Kartoffel-Quark-Auflauf
(Polen)

Garzeit ca. 40 Minuten
500 g Sahnequark (20 % Fett), 1/8 l Milch,
Salz, frisch gemahlener Pfeffer, 2 EL Kapern,
1 Gewürzgurke, 2 EL Schnittlauchröllchen,
1 EL Tomatenketchup, 3 Tomaten,
500 g gekochte Kartoffeln,
200 g kräftige Knoblauchwurst,
1 EL Butter.
Nährwert p. P. ca. 500 kcal = 2.093 kJ

Den Quark mit Milch verrühren, salzen, pfeffern; Kapern, gewürfelte Gurke und Schnittlauch unterheben, mit Tomatenketchup abschmecken. Die Tomaten enthäuten, grob würfeln. Die abgezogenen Kartoffeln in Scheiben schneiden.
Die Knoblauchwurst enthäuten und in Streifen teilen. Alles in die Quarkmasse heben und in den gewässerten RÖMERTOPF® füllen.
Mit den Butterflöckchen bestreuen.

Kartoffel-Soufflé
(Frankreich)

Garzeit ca. 40 Minuten
800 g Kartoffeln, Salz, 1/8 l Milch,
4 Eier, 100 g geriebener Käse,
frisch gemahlener Pfeffer,
etwas geriebene Muskatnuss, 50 g Butter.
Nährwert p. P. ca. 450 kcal = 1.883 kJ

Die Kartoffeln kochen, schälen und zerdrücken; mit der leicht gesalzenen erhitzten Milch und den Dottern der getrennten Eier und dem Käse glatt rühren; mit Pfeffer und Muskat abschmecken. Das steif geschlagene Eiweiß unterheben. Den gewässerten RÖMERTOPF® ausbuttern und die Kartoffelmasse einfüllen. Mit Flocken der restlichen Butter bestreuen und den Topf schließen.

Krautnudeln

(Südwestdeutschland, Elsass)

Garzeit ca. 45 Minuten
500 g Sauerkraut,
200 g durchwachsener Speck, 4 EL Brühe,
1 Lorbeerblatt, 300 g breite Nudeln, Salz,
50 g Butter.
Nährwert p. P. ca. 550 kcal = 2.300 kJ

Das Sauerkraut zerpflücken. Den Speck würfeln, in einer großen Pfanne ausbraten. Evtl. überschüssiges Fett nicht weiter verwenden. Das Sauerkraut dazugeben. Kurz durchschmoren. Inzwischen die Nudeln in Salzwasser nicht zu weich kochen, gut abtropfen lassen. Mit dem Sauerkraut vermischen und in den lt. Vorwort gewässerten RÖMERTOPF® geben. Den Topf schließen. Mit der Butter verfeinern, mit Salz abschmecken.

Lasagne

(Italien)

Garzeit ca. 40 Minuten
200 g Lasagne-Platten, 2 Zwiebeln,
2 Knoblauchzehen, 2 EL Olivenöl,
1 kleine Dose geschälte Tomaten, Salz,
frisch gemahlener Pfeffer, Oregano,
gehackte Petersilie, 4 Tomaten,
200 g Sahne, 2 Eidotter,
50 g geriebener Käse, Saft von 1/2 Zitrone,
50 g Butter.
Nährwert p. P. ca. 600 kcal = 2.510 kJ

Eine Schicht Lasagne in den gewässerten RÖMERTOPF® legen. In der Pfanne die enthäuteten und gehackten Zwiebeln und Knoblauchzehen in Öl anschmoren. Die Tomaten dazugießen, mit Salz, Pfeffer, Oregano und Petersilie vermischen, etwas einkochen. Dann die frischen Tomaten mit kochendem Wasser überbrühen, enthäuten, würfeln, untermischen.
Für die weiße Soße die Sahne aufkochen, mit Eidottern und geriebenem Käse binden, mit Zitronensaft, Salz und Pfeffer würzen. Abwechselnd Tomaten- und weiße Soße und die Nudelblätter in den Topf schichten, üppig mit Butterflöckchen besetzen. Den Topf schließen.

Leberpastete

(Belgien)

Garzeit ca. 75 Minuten
Für 4 - 6 Personen.
400 g Rinderleber,
200 g Schweine-Schnitzelfleisch, 1 Zwiebel,
300 g TK-Blätterteig,
150 g Frühstücksspeck in sehr dünnen
Scheiben, 1 Lorbeerblatt,
etwas getrockneter Thymian und Majoran,
1 Knoblauchzehe, 2 EL Weinbrand, Salz,
frisch gemahlener Pfeffer.
Nährwert insgesamt
ca. 3.100 kcal = 13.392 kJ

Das Fleisch und die Zwiebeln würfeln und im Mixer zerkleinern bzw. durch den Fleischwolf treiben.
Die Blätterteigscheiben einander leicht überlappend auf die Arbeitsplatte legen und auftauen lassen, dann zu einer sehr großen Platte ausrollen.
Den gewässerten RÖMERTOPF® damit auslegen. Teigreste zu einem Deckel ausrollen. Den Blätterteig mit Speckscheiben belegen. Das Lorbeerblatt zwischen den Fingern zerreiben, ebenso

Thymian und Majoran, den Knoblauch pressen. Mit dem Weinbrand in die Fleischmasse mischen, mit Salz und Pfeffer würzen. Auf den Speck füllen. Mit der Blätterteigplatte abdecken. Sie wird rundum gut angedrückt und mehrmals mit einem Messer eingestochen. Den Topf schließen, in den letzten 20 Minuten öffnen.

Leberwurst-Pfannkuchen

(Ungarn)

Garzeit ca. 40 Minuten

6 Eier, 250 g Mehl, 1/4 l Mineralwasser,
Salz, Fett zum Ausbacken,
250 g Leberwurst. Für die Soße 1 Zwiebel,
1 EL Butter, 1/4 l Würfelbrühe,
1 kl. Dose geschälte Tomaten,
2 EL Tomatenketchup,
edelsüßes Paprikapulver,
1/2 naturreine Zitrone,
etwas Thymian und Rosmarin,
1 Knoblauchzehe, etwas Mehl,
1 Bund Schnittlauch.

Nährwert nach Menge
des verwendeten Bratfetts.

Die Eier mit Mehl und Mineralwasser verquirlen, salzen. In der Pfanne in heißen Fett dünne Pfannkuchen ausbacken, jeweils noch warm mit Leberwurst bestreichen und im gewässerten RÖMERTOPF® aufeinander schichten. Die Zwiebeln häuten, würfeln, in einem Topf in der Butter anschmoren; mit Würfelbrühe und Tomaten aufgießen, kurz mit dem Handrührstab mixen; mit Tomatenketchup, Paprikapulver, Zitronensaft und etwas abgeriebener Zitronenschale, Kräutern und Knoblauch würzen; mit dem angerührten Mehl binden; aufkochen und zu den Pfannkuchen gießen. Den Topf schließen. Vor dem Anrichten jede Portion dick mit Schnittlauchröllchen bestreuen.

Makkaroni-Auflauf

(Sizilien)

Garzeit ca. 1 Stunde

300 g Makkaroni, Salz, 3 Eier, 150 g Tatar,
3 EL gehackte Nüsse nach Wahl,
1 Knoblauchzehe, 1/2 Zwiebel, Salz,
frisch gemahlener Pfeffer,
2 EL gehackte Petersilie,
1 kleine Dose geschälte Tomaten,
1 EL Tomatenketchup, 1/8 l Tomatensaft,
80 g Salami, 80 g geriebener Käse,
50 g Butter.

Nährwert p. P. ca. 750 kcal = 3.138 kJ

Die Makkaroni in reichlich Salzwasser nicht ganz weich kochen, gut abtropfen lassen. 2 Eier hart kochen, dann schälen und in Scheiben schneiden. Das Tatar mit rohem Ei, den Nüssen, gepresstem Knoblauch und geriebener Zwiebel verkneten, mit Salz, Pfeffer und Petersilie würzen; kleine Klößchen formen. In den gewässerten RÖMERTOPF® rund ein Drittel der Makkaroni geben; mit Eierscheiben und den Klößchen belegen; einige El pürierte Tomaten – mit Ketchup und Tomatensaft vermischt – darüber träufeln. Mit einer Schicht Makkaroni abdecken. Diese wird mit den enthäuteten Salamischeiben belegt, mit der Hälfte vom Käse bestreut und ebenfalls mit Tomatensoße begossen. Erneut mit Nudeln abdecken, mit dem restlichen Käse bestreuen und mit der restlichen Tomatensoße begießen. Üppig mit Butterflocken belegen. Den Topf schließen. Während der letzten 10 Garminuten den Deckel abnehmen.

Viel frischen Salat zum Auflauf reichen.

Nudelauflauf
(Österreich)

Garzeit ca. 45 Minuten
300 g breite Nudeln, Salz,
200 g gekochter Schinken, 2 Eier,
125 g saure Sahne, 50 g geriebener Käse,
2 EL gehackte Petersilie, 1 große Zwiebel,
200 g Champignons, Tabasco,
edelsüßes Paprikapulver, 20 g Butter.
Nährwert p. P. ca. 550 kcal = 2.300 kJ

Die Nudeln in Salzwasser nicht zu weich kochen, abtropfen lassen. Den Schinken von der Schwarte befreien und in feine Streifen schneiden; die Eier mit saurer Sahne, Käse, Petersilie, der fein geriebenen Zwiebel und in Scheiben geschnittenen Pilzen vermischen; mit Salz, Tabasco und Paprika abschmecken. Unter die Nudeln heben und in den gewässerten RÖMERTOPF® geben. Mit Butterflöckchen bestreuen, den Topf schließen. In den letzen 15 Garminuten im offenen Topf eine Kruste bilden lassen.

Dazu passen frischer Salat oder Tomaten.

Nudel-Lachs-Auflauf

Nudeln ebenfalls mit Biss kochen und gut abtropfen lassen. Indessen 200 g Räucherlachs zerpflücken. 250 g abgetropfte Dosen-Tomaten scheibeln, 1 Zwiebel fein hacken, in 1 EL Butter anschmoren. Mit 1 EL Mehl verrühren, mit 300 g saurer Sahne aufgießen.
Den Lachs unterrühren. Mit Salz und viel frisch gemahlenem Pfeffer abschmecken. 1 EL Zitronensaft und 1–2 EL Dillspitzen dazugeben. Lagenweise die Nudeln, Tomaten und die Lachs-Masse in den gewässerten RÖMERTOPF® füllen, jeweils einige Butterflöckchen auf jede Schicht geben. Lachs-Masse und Butter bilden auch die oberste Schicht.

Beilage: Frischer Salat.

Nudelauflauf
(Türkei)

Garzeit ca. 40 Minuten
300 g Makkaroni, Salz, 3 EL Öl,
3 Knoblauchzehen, 4 Eier, Salz,
frisch gemahlener Pfeffer,
150 g grob geriebener Hartkäse,
250 g Schafskäse, 1 Zitrone,
200 g Vollmilch-Joghurt,
Petersilie oder Selleriegrün.
Nährwert p. P. ca. 700 kcal = 2.929 kJ

Die Nudeln in Salzwasser nicht zu weich kochen und gut abtropfen.
In der Pfanne das Öl und den gepressten Knoblauch erhitzen; die Nudeln darin anbräunen, dann in den gewässerten RÖMERTOPF® geben. Die Eier mit Salz, Pfeffer, dem geriebenen Käse und dem zerbröckelten Schafskäse sowie Zitronensaft zu einer pikanten Masse verrühren; zuletzt Joghurt und Kräuter beimischen; unter die Nudeln heben und den Topf schließen. In den letzten 10 Minuten den Deckel abnehmen.

Pilz-Pastete
(Böhmen)

Garzeit ca. 1 Stunde
300 g Blätterteig, 500 g Waldpilze,
2 Zwiebeln, 2 EL Butter,
250 g gemischtes Hackfleisch, Salz,
frisch gemahlener Pfeffer, 2 Eier,
2 EL gehackte Petersilie, etwas Rosmarin.
Nährwert p. P. ca. 750 kcal = 3.140 kJ

Den gewässerten RÖMERTOPF® mit Blätterteig auslegen (wie bei der Wildpastete). Pilze scheibeln, Zwiebeln hacken und in erhitzter Butter in der Pfanne anschmoren. Das Hackfleisch unter Zerreißen mit zwei Gabeln kurz mitbraten. Mit Salz und Pfeffer würzen, die Kräuter und die Eidotter unterheben. Zuletzt das Eiweiß steif schlagen, vorsichtig unter die Fleischmasse heben. Diese Füllung auf den Blätterteig geben. Aus dem übrigen Teig eine Platte ausrollen, darauf setzen und an den Rändern andrücken. Den Topfdeckel auflegen. In den letzten 20 Minuten offen überbacken.

Servieren Sie die in Scheiben geschnittene Pastete kalt oder warm.

Risotto
(Italien)

Garzeit ca. 45 Minuten
250 g Reis, 1 Zwiebel, 1 EL Öl,
gut 1/2 l Geflügelbrühe,
100 g geriebener Käse,
250 g Bratwursthack, 250 g Tomaten, Salz,
frisch gemahlener Pfeffer.
Nährwert p. P. ca. 700 kcal = 2.930 kJ

Den Reis in einem Sieb abbrausen, gut abtropfen lassen. Die Zwiebeln häuten, hacken und in der Pfanne im Öl kurz anbraten; den Reis dazugeben und kurz mitschmoren; in den gewässerten RÖMERTOPF® füllen, mit Brühe aufgießen und den Topf schließen.
Nach 20 Minuten den Käse unterziehen. Aus der Bratwurstmasse Klößchen formen, in den Reis drücken und mit Scheiben von enthäuteten Tomaten bedecken. Sehr leicht salzen, gut pfeffern.

Roter Risotto
(Italien)

Die Hälfte der Brühe durch Tomatensaft ersetzen; statt der Bratwurstmasse 125 g angeröstete Würfelchen von durchwachsenem Speck verwenden.

Reis
(Kroatien)

500 g Ringe von Paprikaschoten unterziehen; pikant mit Paprika würzen.

Reis
(Frankreich)

Hühnerleber und geschnittene Champignons statt Tomaten und Bratwursthack in den Reis geben. Mit reichlich klein geschnittenen gemischten Kräutern würzen.

Reis
(Spanien)

Statt Bratwursthack Scheiben von Knoblauchwurst zugeben; mit Trockenkräuter-Mischung der Provence würzen; mit Butterflöckchen und Streifen von Sardellenfilets belegen.

Serbisches Reisfleisch

Garzeit ca. 1 Stunde

500 g Schweinegulasch,
2 EL Schweineschmalz, Salz,
2 Knoblauchzehen, 2 Zwiebeln,
2 Paprikaschoten, 200 g Reis,
1/2 l Brühe, 400 g Tomaten,
beliebiges Paprikapulver.

Nährwert p. P. ca. 600 kcal = 2.511 kJ

Das Fleisch waschen, trocken tupfen, sehr klein schneiden und in der Pfanne mit Schmalz anbraten (dabei bewegen), dann salzen; Knoblauch und Zwiebeln enthäuten, hacken und kurz mitschmoren. In den gewässerten RÖMERTOPF® füllen. Die Paprikaschoten in Streifen dazugeben. Mit dem Reis bestreuen, mit der Brühe begießen. Die Tomaten mit kochendem Wasser abbrühen, enthäuten, in Scheiben schneiden, mit Paprika bepudern und untermischen. Den Topf schließen. Scharf abschmecken.

Reis mit Zucchini

(Östliches Mittelmeer)

500 g Zucchinischeiben untermischen. Die Reisflüssigkeit mit Zitronensaft und Currypulver würzen.

Reis mit Fisch

(Griechenland)

Die Flüssigkeit gut mit Zitronensaft säuern. Statt Hack 400 g zerpflückten Fisch mitgaren.

Gewürzreis

(Ägypten)

Den Reis mit Knoblauchzehen vermischen.
Gewürztes Lammhack verwenden. Die Flüssigkeit mit etwas Kurkuma und Kreuzkümmel sowie einer Spur Zimt würzen, salzen, sehr pikant pfeffern.

Schweinefleisch-Auflauf mit Äpfeln

(England)

Garzeit ca. 1,5 Stunden

800 g Kartoffeln, 1/8 l Milch, Salz,
30 g Butter, 150 g Zwiebeln,
700 g mageres Schweinegulasch,
frisch gemahlener Pfeffer,
1 Msp Salbeipulver,
350 g säuerliche Äpfel.

Nährwert p. P. ca. 700 kcal = 2.929 kJ

Kartoffeln weich kochen, schälen und mit der gesalzenen Milch zu Püree verarbeiten. Den gewässerten RÖMERTOPF® mit Butter ausfetten. Die Zwiebeln hacken. Das Fleisch waschen. Trocken tupfen, in kleine Würfel schneiden, salzen und pfeffern, mit Salbei würzen. Die Äpfel schälen, vom Kerngehäuse befreien. Alles schichtweise in den RÖMERTOPF® füllen, dazwischen salzen und pfeffern. Die übrige Butter
in Flöckchen darauf setzen, den Topf schließen.
In den letzten 10 Minuten offen überbacken.

Schusterpastete
(Osteuropa)

Garzeit knapp 1,5 Stunden
1.000 g Kartoffeln, 250 g Zwiebeln,
150 g roher Schinken, 2 EL Öl,
150 g Braten- oder Kochfleisch-Reste,
200 g Fischreste,
auch gewässerte Salzheringfilets,
250 g saure Sahne, 1 Ei, 1 EL Mehl, Salz,
frisch gemahlener Pfeffer.
Nährwert p. P. ca. 600 kcal = 2.510 kJ

Kartoffeln und Zwiebeln schälen, grob raffeln, mit dem klein geschnittenen Schinken mischen und in den gewässerten RÖMERTOPF® füllen.
Mit Öl beträufeln und 25 Minuten im offenen Topf garen. Dann die klein geschnittenen Fleischreste und den Fisch unterheben. Die Sahne mit Ei, Mehl und evtl. noch etwas Wasser verquirlen, mit Salz und Pfeffer abschmecken. Den Topf bedecken.

Spinatauflauf
(Holland)

Garzeit ca. 45 Minuten
600 g TK- oder 750 g frischer Spinat,
1 große Zwiebel, 2 Eier, 2 EL Sahne,
100 g roher oder gekochter Schinken,
1 EL Mehl, Salz, frisch gemahlener Pfeffer,
geriebene Muskatnuss, Tabasco,
2 EL gehackte Petersilie, 2 EL Butter,
100 g milder Schnittkäse.
Nährwert p. P. ca. 300 kcal = 1.256 kJ

Frischen Spinat verlesen, TK-Ware auftauen lassen. Dann mit dem Handmixstab oder im Mixer pürieren. Die Zwiebel hacken; den Schinken in feine Streifen schneiden, alles mit Mehl, Eidottern und Sahne vermischen, mit den Gewürzen abschmecken. Petersilie unterheben. Den gewässerten RÖMERTOPF® ausfetten. Das Eiweiß steif schlagen, unter die Spinatmasse heben und in den RÖMERTOPF® füllen. Mit der restlichen, zerkleinerten Butter und Käsestreifen belegen; Topf schließen.

Spinat-Eierkuchen-Turm
(Holland)

Garzeit ca. 35 Minuten
6 Eier, 200 g Mehl, Salz,
1/8 l Mineralwasser, 1 Zwiebel,
1 EL Butter, 450 g TK Spinat,
frisch gemahlener Pfeffer,
geriebene Muskatnuss, 125 g saure Sahne,
70 g geriebener Käse.
Nährwert p. P. je nach aufgenommenem Bratfett.

Aus 4 Eiern, Mehl, Salz und Mineralwasser Eierkuchenteig rühren, daraus in der Pfanne große Eierkuchen backen. Die Zwiebeln hacken und in der Pfanne mit Butter anschmoren; Spinat dazugeben, auftauen lassen; mit Salz, Pfeffer, Muskat und 4 EL saurer Sahne einige Minuten aufkochen; dann auf den Eierkuchen verteilen. Sie werden zusammen geklappt und in den gewässerten RÖMERTOPF® gelegt. Käse und Sahne mit den übrigen Eiern verrühren, darüber gießen und den Topf schließen.

Thunfischauflauf
(Schweiz)

Garzeit ca. 40 Minuten
200 g Reis, Salz, 3 Eier, 125 g Sahne,
300 g Thunfisch natur (Dose),
1 Paprikaschote, 1 EL gehackte Petersilie,
frisch gemahlener Pfeffer,
250 g vorbereitete, geviertelte Champignons,
1 EL Zitronensaft, 1 EL Weinbrand,
1 EL Butter.
Nährwert p. P. ca. 550 kcal = 2.030 kJ

Den Reis nicht ganz ausquellen lassen, mit allen anderen Zutaten mischen und in den gewässerten RÖMERTOPF® geben. Mit Butterflöckchen belegen. Den Topf schließen.

Wildpastete
(Holland)

Garzeit ca. 2 Stunden
Für 6 - 8 Portionen:
800 g beliebiges Wildfleisch, 40 g Butter,
1/4 l Würfelbrühe, Salz,
frisch gemahlener Pfeffer,
100 g durchwachsener Räucherspeck,
250 g gehacktes Kalbfleisch,
200 g saure Sahne, 3 Eier,
etwas geriebene Schale von naturreiner Zitrone, je 1 Msp Ingwer-, Rosmarin- und Salbeipulver, 1/2 TL Majoran,
2 EL gehackte Petersilie.
Nährwert bei 8 Portionen p. P. ca. 450 kcal = 1.883 kJ

Das Fleisch waschen und in den lt. Vorwort gewässerten RÖMERTOPF® legen. Die Hälfte der Butter dazugeben, mit der Brühe begießen, salzen und pfeffern. Den Topf schließen und 30 Minuten garen. Dann das Fleisch von den Knochen lösen. Den Speck würfeln, mit der übrigen Butter in der Pfanne knusprig ausbraten. Alles Fleisch, sehr klein schneiden oder grob hacken, mit den ausgebratenen Speckwürfeln, saurer Sahne, Eiern und Gewürzen vermischen, in den RÖMERTOPF® streichen, den Topf bedecken. Danach noch 10 Minuten ohne Deckel zum Überkrusten in die Röhre schieben.

Dazu passen Kartoffelbrei, grüner Salat und Cumberland Soße.

Wildpastete mit Käsekruste
(Holland)

Vor dem Überbräunen noch geriebenen Gouda über die Pastete streuen.

Zucchiniauflauf
(Italien)

Garzeit ca. 40 Minuten
500 g Zucchini, 4 Eier, 2 EL Zitronensaft,
Salz, Pfeffer, etwas geriebene Muskatnuss,
100 g Mehl, 400 ml Milch,
100 g geriebener Parmesan,
1 EL gehackte Petersilie, 40 g Butter.
Nährwert ca. 450 kcal = 1.883 kJ

Die Hälfte der Zucchini waschen, die Enden abschneiden und das Fruchtfleisch grob reiben. Die Eier verquirlen, mit Zitronensaft, Salz, Pfeffer und Muskat würzen. Mit Mehl, Milch und Käse sowie Petersilie zu einer glatten Masse verrühren. Den lt. Vorwort gewässerten RÖMERTOPF® ausbuttern, die Masse einfüllen und die restlichen in Scheiben geschnittenen Zucchini darauf geben. Mit der übrigen, in Flöckchen zerteilten Butter bestreuen. Den Topf schließen. In den letzten 10 Minuten offen überbacken.

Auberginen- und **Paprika-Auflauf** werden ebenso bereitet.

EINE TONFORM SORGT FÜR UNSER LIEBLINGS-HOBBY: BACKEN VON DEFTIGEM BROT BIS ZARTEM FEIERTAGSGEBÄCK

„Pane", Brot also, heißt die patente RÖMERTOPF®-Backform aus der Serie „Pane". Ob mit Hefe oder mit dem sehr aromatischen Sauerteig gebacken – Brot gelingt darin ideal! Der Mantel aus feinstem Wasserdampf, den die Form während des Backens ab- und damit das Backgut umgibt, macht's!
Aber auch feine Kuchen bäckt die Form unübertrefflich, und wir haben sogar einen pikanten Kuchen darin bereitet. Probieren Sie doch unsere Rezepte aus!

Für Hefeteig wie auch Brot mit Sauerteig als Triebmittel gibt es keine bessere Form, als die Kastenform aus dem Natur-Material Ton, aus dem alle Formen der großen und immer beliebter werdenden RÖMERTOPF®-Familie gearbeitet werden.
Der fertig geknetete Teig wird einfach in die Form gelegt – und die stellt man für rund 20 Minuten zu 2/3 der Höhe in warmes Wasser. Der Ton saugt sich voll und gibt zugleich genügend Wärme an den Teig ab, dass er gleichmäßig und gut aufgehen kann und damit schön locker wird. Danach wird die Form, wie immer beim normalen RÖMERTOPF®, in die kalte Röhre geschoben.
Bitte immer auf den in die untere Schiene eingeschobenen Rost in der Röhre stellen.

Deftiges Bauernbrot

Foto auf Seite 135

Der Teig muss am Vorabend schon angesetzt werden!
Backzeit ca. 1 Stunde
Für 1 Brot von ca. 1.000 g:
350 g Roggen, 1 gestr. TL Back-Ferment, 1 geh. EL Sauerteig, 500 g Weizen, 1 TL Kümmel, 1 gestr. TL Salz, ca. 100 g Sonnenblumen-Kerne, sowie Fett für die Form und Mehl zum Ausarbeiten

Die Zutaten können im Naturkost-Laden gekauft werden, wo man das Korn auch mahlt. Ideal ist es aber, wenn Sie es zu Hause in einer entsprechenden Mühle erst 1 Stunde vor dem Backen mahlen, weil es dann noch alle wichtigen Vitalstoffe enthält.

Nährwert insges. ca. 3.300 kcal = 13.810 kJ

Am Abend vor dem geplanten Backen den fein gemahlenen Roggen mit Back-Ferment und Sauerteig und so viel lauwarmem Wasser verrühren, dass ein weicher Teig entsteht.
Am Backtag den mittelfein gemahlenen Weizen mit Salz, Kümmel (am besten den Kümmel gleich mit mahlen, sonst extra mahlen), dem Vorteig und den Sonnenblumen-Kernen verkneten. So viel lauwarmes Wasser zugeben, dass ein geschmeidiger Teig entsteht.
Sehr gut durchkneten. Mindestens 30 Minuten bei rund 30 Grad unter einem Tuch auf ca. die doppelte Größe aufgehen lassen. Dann noch einmal durchkneten. Zu einem länglichem Kloß in Formgröße ausarbeiten. In den gefetteten RÖMERTOPF® legen. Warm wässern, wie oben angegeben. Bei 250 Grad (Umluftherd ca. 220 Grad, Gas Stufe 5) auf der unteren Schiene backen.

Sesambrot

Gleiche Backzeit und Nährwert wie Bauernbrot

Nach obigem Rezept backen, jedoch die Sonnenblumen-Kerne durch Sesam-Samen ersetzen. Er kann vor dem Einarbeiten in den Teig in der Pfanne ohne Fettzugabe leicht angeröstet werden. Auf Kümmel kann dann verzichtet werden, statt dessen evtl. mit etwas Kardamom würzen. Die gefettete Form vor dem Einlegen des Teiges mit Sesam ausstreuen.

Hefemischbrot

Backzeit ca. 1 Stunde

Man kann es auch mit Frischhefe und Vorteig backen!

Für 1 Brot von gut 1.000 g:
500 g Roggenmehl, 300 g Weizenmehl, gut 1 TL Salz, 1 Pä Trockenhefe, 400 ml Wasser (evtl. zur Hälfte Buttermilch), außerdem Fett für die Form und Mehl zum Ausarbeiten.
Nährwert insges. ca. 3.000 kcal = 12.555 kJ

Das gesiebte Mehl mit Salz und Trockenhefe vermischen, mit der leicht erwärmten, handwarmen Flüssigkeit zuerst verrühren, dann auf der mit Mehl bestäubten Arbeitsplatte sehr gut kneten. Mindestens 30 Minuten unter einem Tuch bei guter Zimmertemperatur auf doppelte Größe aufgehen lassen. Noch einmal gut durchkneten, zu einem länglichen Kloß in der Länge der Form verarbeiten. In die gebutterte Brotform legen, 20 Minuten bis 2/3 der Höhe in warmes Wasser stellen. Teig mit etwas Salzwasser bestreichen, damit es schön glänzt. Backen wie Bauernbrot mit Sauerteig.

Kräuterbrot

Wie Hefe-Mischbrot, doch 1 - 2 EL fein gehackte gemischte Kräuter (evtl. TK) untermischen.

Zwiebelbrot

Wie Hefe-Mischbrot, jedoch 1 große Zwiebel hacken, mit 1 EL Butter in der Pfanne goldbraun braten. Nach dem Erkalten beim zweiten Kneten einarbeiten. Evtl. noch mit etwas Majoran würzen.

Speckbrot

Hier werden 100 g fein geschnittener durchwachsener Räucherspeck in der Pfanne angebraten und erkaltet beim zweiten Kneten in den Hefemischbrot-Teig eingearbeitet.

Weißbrot

Wie Hefe-Mischbrot bereiten, es wird dazu jedoch nur Weizenmehl, wie normalerweise im Handel angeboten, verwendet. Hier sollte jedenfalls die Hälfte der Flüssigkeit aus Milch bestehen, sie wird mit 50 g Butter leicht erwärmt.

Buchteln

Backzeit ca. 40 Minuten
500 g Mehl, 1 Pä. Trockenhefe,
150 g Zucker, 125 ml Milch, 80 g Butter,
2 Eier, Puderzucker zum Bestäuben,
Mehl zum Ausarbeiten,
30 g Butter für die Form.
Nährwert insges. ca. 3.200 kcal = 13.392 kJ

Schmeckt am Besten mit einer Soße aus Kirschen und Eierlikör.

Gesiebtes Mehl mit Hefe und Zucker in eine Schüssel geben. Mit lauwarmer Milch, erwärmter Butter und Eiern verrühren, dann auf der mit Mehl bestäubten Arbeitsplatte verkneten. Unter einem Tuch 30 Min. aufgehen lassen, dann noch einmal gut kneten, ca. 5 cm dick ausrollen. Mit einem Schnapsglas Taler ausstechen.
Übrige Butter schmelzen, in die gewässerte RÖMERTOPF®-Brotbackschale geben. Die Taler darin wenden, dicht nebeneinander in die Form legen. Die

Form wie oben beschrieben 20 Minuten bis zu 2/3 Höhe in warmes Wasser stellen. Auf der unteren Schiene bei 200 Grad (Umluftherd 180 °C, Gas Stufe 3) backen.
Für die Soße ein Glas Sauerkirschen abtropfen lassen. 2/3 pürieren und mit 2 EL Saft und Eierlikör nach Belieben vermischen. Die übrigen Kirschen im Ganzen zufügen. Zu den noch warmen Buchteln reichen.

Apfel-Wickelkuchen

Backzeit ca. 1 Stunde
Zutaten für den Teig
wie im Rezept Buchteln,
dazu 400 g Äpfel, 2 EL Zucker,
etwas Zimtpulver, 2 EL Rosinen
(evtl. Rum-Rosinen),
50 g geriebene Mandeln, 1 Ei, 20 g Butter.
Für die Glasur 100 g Puderzucker,
2 EL Rum oder Zitronensaft,
sowie Fett für die Form und
Mehl zum Ausarbeiten.
Nährwert insges. ca. 4.600 kcal = 19.250 kJ

Teig wie bei den Buchteln bereiten, aufgehen lassen, noch einmal kneten. Zu einem Rechteck mit einer Breite von ca. 25 cm ausrollen. Mit erwärmter Butter bestreichen. Die Äpfel schälen, vom Kernhaus befreien, grob raspeln. Mit den anderen Zutaten vermischen, darauf verteilen, dabei einen Rand von ca. 1 cm frei lassen. Von der Breitseite her zusammenrollen, in die gewässerte und gebutterte RÖMERTOPF®-Backform legen, 20 Minuten in warmes Wasser stellen.
Nach dem Backen mit einer aus gesiebtem Puderzucker und Rum oder Zitronensaft gerührten Glasur überziehen.

Sonntags-Kastenkuchen

Backzeit ca. 55 Minuten
Zutaten für den Teig wie Buchteln,
dazu 100 g gestiftelte Mandeln,
100 g Rum-Rosinen, 1 Pä Vanillinzucker,
1 TL abgeriebene Schale von naturreiner
Zitrone und weitere 50 g Butter
und Zucker, Fett und Mandelblättchen
für die Form.
Nährwert insges. ca. 4.600 kcal = 19.250 kJ

Beim zweiten Kneten alle zusätzlichen Zutaten mit in den Buchtel-Teig einarbeiten. Entsprechend formen und in die gewässerte und sehr gut gebutterte und mit Mandelblättchen ausgestreute RÖMERTOPF®-Brotform legen. 20 Minuten in warmes Wasser stellen.

Feiner Zopf

Backzeit ca. 50 Minuten
Zutaten wie für die Buchteln,
dazu 100 g Rosinen, 1 Eigelb,
50 g Mandelblättchen, 2 EL Hagelzucker
und Fett für die Form.
Nährwert insges. ca. 4.000 kcal = 16.740 kJ

Teig wie für die Buchteln kneten. Beim zweiten Kneten die Rosinen mit einarbeiten. Den Teig dritteln, zu einem Zopf in der Länge der Form flechten. In die warm gewässerte, gefettete Brot-Backform legen. Vor dem Einschieben in den Ofen mit dem mit etwas Wasser verrührtem Eigelb bestreichen und sofort mit Mandelblättchen und Hagelzucker bestreuen.

Auch feiner Teig mit Backpulver als Triebmittel gelingt in der RÖMERTOPF®-Backform sehr gut. Hier wird sie jedoch kalt gewässert und der Teig erst danach, also unmittelbar vor dem Einschieben in die Röhre, eingefüllt.

Um zu prüfen, ob der Teig gut durchgebacken wird, sollten Sie nach der von uns angegebenen Backzeit durch Einstechen die sogenannte Stäbchen-Probe machen. Hängt noch Teig daran, muss der Kuchen noch etwas in der Röhre bleiben.
Diese zarten Kuchen sollten nach dem Backen noch ca. 20 Minuten in der Form ruhen, dann mit der glatten Seite nach unten auf einem Kuchengitter auskühlen lassen.

Kirsch-Kastenkuchen

Backzeit gut 1 Stunde

150 g Kirschen, frisch, TK oder sehr gut abgetropfte aus dem Glas, 4 Eier, 1 EL Zitronensaft, 1 Prise Salz, 100 g Butter, 150 g Zucker, 1 Pä. Vanillinzucker, 4 EL Sahne, 250 g Mehl, 100 g Speisestärke, 1 Pä. Backpulver, 75 g gehackte Mandeln, 50 g Cocktail-Kirschen, Puderzucker zum Bestäuben.

Nährwert insges. ca. 3.500 kcal = 14.650 kJ

Frische Kirschen vorbereiten, TK-Früchte auftauen lassen. Eier trennen und Eiweiß mit Zitronensaft und Salz sehr steif schlagen. Eidotter mit zimmerwarmer Butter, Zucker, Vanillinzucker und Sahne schaumig schlagen. Mehl mit Speisestärke und Backpulver vermischen, darauf sieben. Eischnee darauf gleiten lassen. Alles vorsichtig untereinander heben. Zuletzt die Mandeln und die halbierten Cocktail-Kirschen unterheben. In die gewässerte, gebutterte RÖMERTOPF®-Backform füllen. Bei 180 °C (Umluft 160 °C, Gas Stufe 2) backen. Noch warm mit Puderzucker bestäuben.

Aprikosenkuchen

Wie Kirsch-Kastenkuchen bereiten, jedoch statt der Kirschen und Cocktail-Kirschen 125 g getrocknete Aprikosen klein schneiden, mit 2 EL Aprikosen-Geist oder -Likör beträufeln und gut durchziehen lassen, unter den Teig heben.

Nougatkuchen

Backzeit ca. 1 Stunde

100 g Nuss-Nougat, 100 g Butter, 4 Eier, 1 Prise Salz, 1 EL Zitronensaft, 125 g Zucker, 1 geh. EL Kakaopulver, 1 EL Rum oder Weinbrand oder Sahne, 250 g Mehl, 50 g Speisestärke, 1 Pä. Backpulver, 50 g geriebene Haselnüsse.

Nährwert insges. ca. 3.500 kcal = 14.650 kJ

Nougat und Butter zusammen schmelzen, gut durchrühren und abkühlen lassen, bis die Masse nur noch lauwarm ist. Eier trennen und das Eiweiß mit Zitronensaft und Salz steif schlagen. Dotter mit Zucker, Kakaopulver und Spirituosen oder Sahne schaumig schlagen, dann die Nougat-Masse unterrühren. Mehl mit Speisestärke und Backpulver versieben, mit den Nüssen vermischen und darauf geben. Eischnee darauf gleiten lassen. Alles vorsichtig untereinander heben. In die gewässerte RÖMERTOPF®-Backform füllen. Wie Kirsch-Kastenkuchen backen. Nach dem Backen mit Puderzucker bestäuben.

Omas Festtagskuchen

Backzeit ca. 1 1/4 bis 1 1/2 Stunden.
125 g Butter, 125 g Halbbitter-Schokolade,
5 Eier, 125 g Zucker, 3 - 4 EL Weinbrand,
125 g fein geriebene Mandeln, 125 g Mehl,
150 g beliebige Kuvertüre für den Guss,
Fett für die Form.
Nährwert insges. ca. 4.600 kcal = 18.830 kJ

Butter und Halbbitter-Schokolade würfeln, zusammen schmelzen, glatt rühren. Mit den Dottern der getrennten Eier Zucker und Weinbrand schaumig schlagen. Mehl sieben, mit den Mandeln vermischen. Abwechselnd mit dem steif geschlagenen Eiweiß unterziehen. In die gewässerte, gut gebutterte RÖMERTOPF®-Backform füllen, bei nur ca. 165 °C (Umluft 150 °C, Gas Stufe 1–2) backen. Mit Schoko-Glasur überziehen.

Eierlikörkuchen

Backzeit ca. 1 1/4 Stunden
150 g Mehl, 100 g Puderzucker,
gut 1/2 Pä. Backpulver,
100 g gemahlene Mandeln,
50 g kandierte Früchte,
100 g geschmacksneutrales Öl,
125 g Eierlikör, 1 Pä. Vanillinzucker, 2 Eier,
außerdem Fett für die Form und Zutaten für den Guss, s. Rezept.
Nährwert ohne Guss
ca. 3.200 kcal = 13.390 kJ

Mehl mit Puderzucker und Backpulver vermischen, in eine Schüssel sieben. Mandeln noch einmal mahlen, damit sie mehlfein sind, dazugeben. Mit allen anderen Zutaten verrühren. In die gewässerte, gut gefettete RÖMERTOPF®-Backform geben. Backhitze wie bei Omas Festtags-Kuchen.
Warm mit Puderzucker bestäuben oder mit einer Glasur aus gesiebtem Puderzucker und Eierlikör überziehen.

Quarkkuchen

Backzeit ca. 1 1/4 bis 1 1/2 Stunden
80 g Butter, 150 g Zucker, 3 Eier,
1 Prise Salz, 1 TL abgeriebene Schale von naturreiner Zitrone, 300 g Quark 20 %,
300 g Mehl, 1 Pä. Backpulver,
4 EL Zitronensaft, 100 g gemischte kandierte Früchte wie Orangeat, Zitronat, Kirschen usw. (Früchte-Mix),
60 g Mandelblättchen und Fett für die Form.
Nährwert insges. ca. 3.200 kcal = 13.390 kJ

Zimmerwarmes Fett mit Zucker, Eiern, Salz und Zitronenschale schaumig rühren. Den Quark dazugeben. Mehl mit Backpulver vermischen, löffelweise abwechselnd mit Zitronensaft einarbeiten. Zuletzt kandierte Früchte unterheben. In die gewässerte, gefettete RÖMERTOPF®-Backform füllen und glatt streichen. Mit Mandelblättchen bestreuen. Backhitze nur 165 °C (Umluft 150 °C, Gas Stufe 1–2).

Pikanter Hackfleisch-Kuchen

Backzeit ca. 90 Minuten

Für ca. 6 Portionen:

500 g Mehl, 2 TL Salz, 200 g Butterschmalz,
2 Eier, 1 Eigelb,
200 g kräftiger roher Schinken
(wie westfälischer), 1.500 g Blattspinat,
1 Paprikaschote, 2 Knoblauchzehen,
400 g gemischtes Hackfleisch,
100 g durchwachsener Räucherspeck,
2 Zwiebeln, Salz, frisch gemahlener Pfeffer,
geriebene Muskatnuss,
Mehl zum Ausarbeiten des Teiges,
Butterschmalz für die Form.

Nährwert insges. ca. 6.490 kcal = 27.140 kJ

Gesiebtes Mehl mit Salz, Butterschmalz, einem Ei und 150 ml kaltem Wasser zu einem glatten Teig verkneten.
Mindestens 1 Stunde in Folie gehüllt in den Kühlschrank legen. Indessen Spinat vorbereiten, ca. 5 Minuten in kochendem Wasser blanchieren, dann abtropfen lassen, ausdrücken, grob hacken. Paprikaschote vom Stielansatz und Kerngehäuse befreien, fein würfeln, Knoblauch abziehen und hacken, alles vermischen. Speck und abgezogene Zwiebeln würfeln, mit dem Hackfleisch mischen. Mit Salz und Pfeffer und Muskat würzen.
Rund 2/3 vom Teig 1/2 cm dick ausrollen. So in die gewässerte, gut gefettete RÖMERTOPF®-Backform legen, dass er am Rand jeweils etwas übersteht. Mit Schinkenscheiben auskleiden. Die Hälfte der Gemüsemischung, dann das Hackfleisch darauf geben. Mit Schinkenscheiben belegen, das übrige Gemüse darauf verteilen. Überstehenden Teig darüber klappen, mit verquirltem Ei bestreichen. Übrigen Teig ausrollen und in der Größe der oberen Formöffnung zuschneiden, darauflegen, andrücken. Aus dem Teig ein Abdampf-Loch ausstechen, ebenfalls mit Eigelb bepinseln.

In Scheiben heiß zu Salaten servieren.

Verzeichnis der Rezepte in alphabetischer Reihenfolge

G

H

I

J

K

L

M

N

O

P

Q

R

S

T

W

Z

So vielfältig ist die Welt von RÖMERTOPF®

RÖMERTOPF® KLASSIKER
für 2 und 4 Personen
Art.-Nr. 10905, 11105

RÖMERTOPF® KLASSIKER
für 6 Personen
Art.-Nr. 11305

RÖMERTOPF® MAXI
für 8 Personen
Art.-Nr. 11705

RÖMERTOPF® SWING
für 2, 4 und 6 Personen
Art.-Nr. 20905, 21105, 21305

RÖMERTOPF® SUPERFISCH
für 4 Personen
Art.-Nr. 10205

RÖMERTOPF® FISCH
für 2 Personen
Art.-Nr. 11205

So vielfältig ist die Welt von RÖMERTOPF®

RÖMERTOPF®
KARTOFFELRÖSTER

für ca. 2 kg mittelgroße Kartoffeln
Art.-Nr. 18600

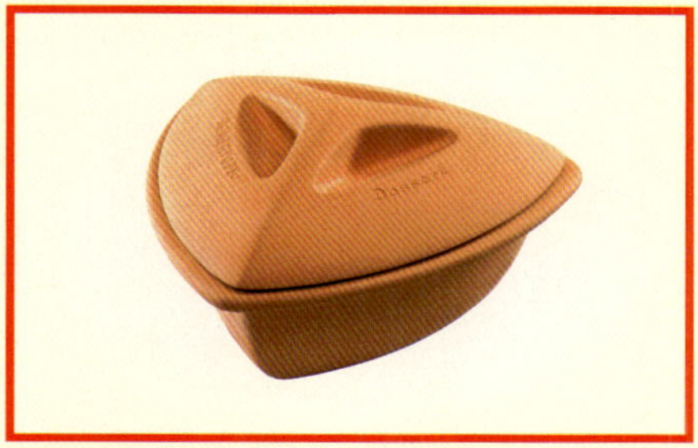

RÖMERTOPF® DESSERT

für Süßspeisen
Art.-Nr. 10705

RÖMERTOPF®
HÄHNCHENBRATER

Art.-Nr. 12504 (weiß)
Art.-Nr. 12550 (braun)

RÖMERTOPF®
KNOBLAUCHRÖSTER

Art.-Nr. 10005

RÖMERTOPF® BRATAPFEL

Art.-Nr. 10505
Art.-Nr. 10600 (mit Stövchen)

RÖMERTOPF®
BROTBACKSCHALE

für 500 g Brot
Art.-Nr. 25005

So vielfältig ist die Welt von RÖMERTOPF®

RÖMERTOPF® SPIESSBRÄTER

mit Spieß für 6 Personen
Art.-Nr. 12305

RÖMERTOPF®
BROTTOPF RUND

Art.-Nr. 80905 (terrakotta),
80992 (terrakotta blau), 80901 (blau),
80950 (braun), 80904 (weiß)

RÖMERTOPF®
KRESSEIGEL

Art.-Nr. 45100

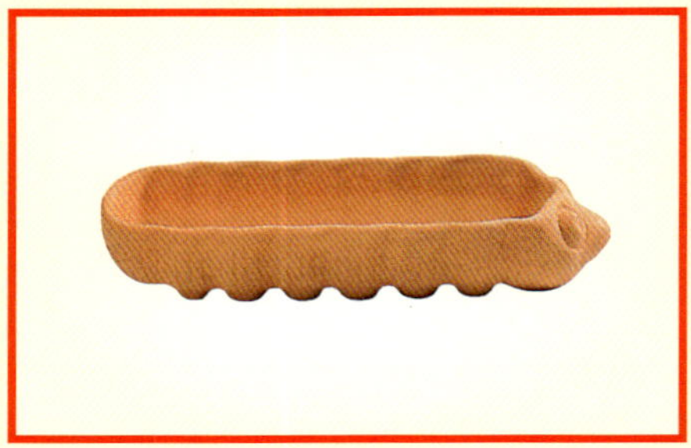

RÖMERTOPF®
SCHNITTLAUCHRAUPE

Art.-Nr. 45000

RÖMERTOPF®
VEGETARIA

für 4 Personen
Art.-Nr. 10805

RÖMERTOPF® STARTER SET

mit Kochbuch und Topflappen
für 4 Personen
Art.-Nr. 21205

So vielfältig ist die Welt von RÖMERTOPF®

RÖMERTOPF® RUSTICO
für 4 und 6 Personen
Art.-Nr. 11905 und 12905

RÖMERTOPF®
MODERN LOOK
für 2, 4 und 6 Personen
Art.-Nr. 11005, 11505 und 12005

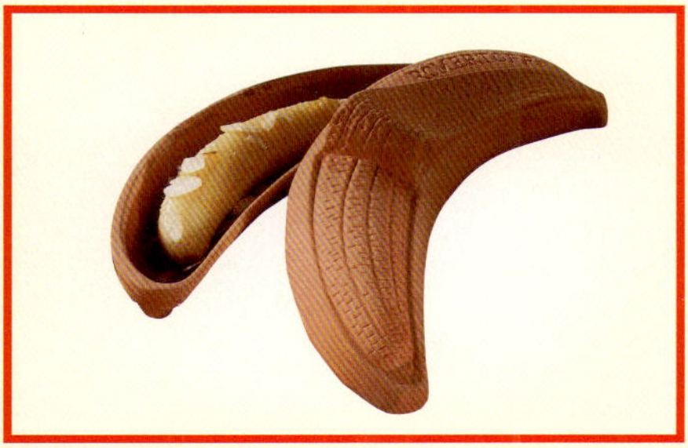

RÖMERTOPF®
BANANENBRÄTER
Art.-Nr. 10405

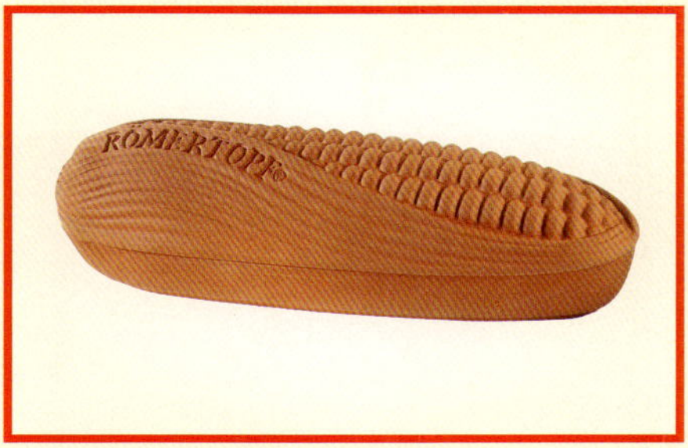

RÖMERTOPF®
MAISKOLBENBRÄTER
Art.-Nr. 10105

RÖMERTOPF®
BIOSPROSSEN-PANDABÄR
Art.-Nr. 45400

RÖMERTOPF®
BROTBACKSCHALE
Art.-Nr. 24905

So vielfältig ist die Welt von RÖMERTOPF®

RÖMERTOPF®
BROTTOPF OVAL

Art.-Nr. 81005 (terrakotta),
81092 (terrakotta blau), 81001 (blau),
81050 (braun), 81004 (weiß)